这样做人太累了

陈立之 ◎ 著

黑龙江教育出版社

图书在版编目（CIP）数据

这样做人太累了 / 陈立之著. -- 哈尔滨：黑龙江教育出版社，2017.7
（读美文库）
ISBN 978-7-5316-9423-6

Ⅰ.①这… Ⅱ.①陈… Ⅲ.①人际关系学—社会心理学—通俗读物 Ⅳ.①C912.11-49

中国版本图书馆CIP数据核字(2017)第175951号

这样做人太累了
Zheyang Zuoren Taileile

陈立之 著

责任编辑	李中苏
装帧设计	MM末末美书
责任校对	苏凤云
出版发行	黑龙江教育出版社
	（哈尔滨市南岗区花园街158号）
印　　刷	天津嘉杰印务有限公司
开　　本	880毫米×1230毫米　1/32
印　　张	7
字　　数	140千
版　　次	2017年10月第1版
印　　次	2017年10月第1次印刷
书　　号	ISBN 978-7-5316-9423-6　　定　价　26.80元

黑龙江教育出版社网址：www.hljep.com.cn
如需订购图书，请与我社发行中心联系。联系电话：0451-82533097　82534665
如有印装质量问题，影响阅读，请与我公司联系调换。联系电话：010-64926437
如发现盗版图书，请向我社举报。举报电话：0451-82533087

前言
Preface

如何面对不完美的人际关系

"关系越亲密越难相处。"

"越是熟悉的朋友越容易出现不快。"

"我这么真心待人,却常常是好心得不到好报。"

"我不好意思拒绝,别人却那么好意思打扰。"

"我说的话别人总是不愿听。"

"为什么人与人之间这么难处?"

"为什么想做点事却这么难?"

"……"

在我们的周围,我们常常听到有人发出这样的感叹,抱怨人际关系复杂,人与人之间难相处。"做人实在太累了!"这并非是出现在哪一个人身上的情况，而是大多数人所遇到的交际困境。可以说，在人际交往中，类似的情况每天都在上演着。

面对社交，很多人产生畏惧和逃避心理，社交对于他们来说如同难解的谜题、不敢碰的禁区，他们在社交中表现得被动压抑、无所适从，人际关系麻烦不断、矛盾丛生。人际关系上的问题，交际工作中的纠纷，每天都在困扰着他们，甚至严重到了令他们寝食难安的程度。

人是具有社会属性的，没有谁能够脱离社会独自一人生活着。只要生活在社会中，我们就不可避免地与人打交道，与人交流，与人合作，与人办事，等等。畏惧和逃避不是解决问题的办法，它不能解决人际关系中的问题，反而会让人际关系变得更加糟糕。只有勇于走出内心的孤岛，正视人际关系中的问题，积极寻求相应的解决之道，才是应有的人生态度。

人是各种各样的，每个人的性格千差万别，心理特征迥异，为人和处事方式各不相同，这就给我们的交际带来了难度，降低了我们对交际的期望值。交际中难免出现冲突和纠纷，从而造成了人际关系的不完美。

如何面对不完美的人际关系，如何解决人际关系中的问题，如何化解人际关系中的冲突，如何走出人际关系中的困境，是摆在我们每一个人面前的难题。如果我们不能有效、顺利地解决人际关系中的种种困境，我们就无法与人们正常地相处，无法开展自己的工作，无法掌控自己的人生。即使我们其他方面的能力再强，也无法顺利地获得自己想要的成功。

本书是一部专门为陷入交际困境的读者朋友而编写的人际关系学专著。全书立足于当下人们的交际现状，从自我、他人两个角度，运用交际学、心理学、社会学等知识，别开生面、生动有趣地探讨了人际关系中的问题和困境，教读者面对和改善不完美人际关系的方法和技巧。从本书中，读者可以明确如何把握人际交往的距离，如何拒绝他人的不当请求，如何化解交际中的棘手问题，如何修复人际关系中的裂痕，如何洞察他人心理、因势利导推进交往，如何把握好说话和处世分寸增强做事效果，如何修炼自我形象以影响他人、掌控人际交往主动权，最终建立起和谐、双赢的人际关系，在事业和生活中如鱼得水。

一本书，解决人际关系的所有烦恼。看完本书，你会豁然开朗：做人一点也不累，交际可以更轻松，人生可以更美好！

目录 Contents

第 1 章　关系不能过于亲近，也不能过于疏远

做人累，交往越深越难处 / 002

做人累，过度热情招人厌 / 004

交往距离多少才合适 / 007

心灵应贴近，形体有距离 / 010

亲密并非无间，美好需要距离 / 012

再好的朋友也要保持距离 / 014

距离得当，关系响当当 / 016

疏者密之，密者疏之 / 018

留出空白，让彼此"思念" / 020

与人交往，多同流，少合污 / 022

第 2 章　对别人过好，就是对自己苛刻

善良是友谊桥梁，也是交际软肋 / 026

对别人过好，就是对自己苛刻 / 028

可以好心，但是不能粗心 / 031

可以单纯，不能太单纯 / 033

不可教条地套用世俗道德观 / 035

不做任人捏的"软柿子" / 037

人有锋芒受人敬 / 039

当好人，不当"滥好人" / 041

做好人，也要讲究好手段 / 043

第 3 章　不好意思说"不",别人就对你说"不"

不好意思说"不",时间白费 / 048

不好意思说"不",连累自己 / 051

不好意思说"不",委屈自己 / 053

不好意思说"不",独吞苦水 / 055

不好意思说"不",自设障碍 / 058

别让不好意思说"不"害了你 / 060

该说"不"时说"不",皆大欢喜 / 062

该说"不"时说"不",化解争端 / 064

该说"不"时说"不",扭转局面 / 066

该说"不"时说"不",掌握主动权 / 068

第 4 章　快速建立相互尊重、相互信任的关系

初次见面如何消除生疏感 / 072

5 秒钟,记住对方也让对方记住你 / 074

让一面之交变成莫逆之交 / 076

先尊重别人,再要求别人尊重 / 078

坦诚相待,跟谁都能交朋友 / 081

把"我的"说成"我们的" / 083

传出你手中的"球" / 086

给对方送上一顿兴趣大餐 / 088

留人面子,让他对你"感激涕零" / 090

在他心中建立起"自己人"意识 / 092

第 5 章　不强迫也让人赞同接受的表达技巧

话说三遍淡如水 / 096

抬杠抬杠,关系越抬越僵 / 097

雄辩并非是金，争辩赢不了人心 / 099
一个事实，胜过一百句说服 / 101
接受对方的说服，再说服对方 / 103
"我想你内心也必定这样想" / 106
说软话，服人心 / 107
吹"南风"，不要吹"北风" / 110
让别人多说，自己多听 / 112
提个问题，让对方主动摊牌 / 116
你的赞美，让人际关系更完美 / 118

第 6 章　不强求也让人乐意效劳的办事技巧

诱以情利，挑起他的欲望 / 122
投桃报李，人人乐意回报你 / 124
以自己的付出交换对方的付出 / 126
先帮对方忙，再请对方帮你忙 / 128
先进门槛，再逐步登高 / 130
借名人的"名头"办事 / 133
用"柔肠"打动"铁石心肠" / 136
投其所好，他会高兴把事办好 / 139
心理暗示，让他按你的意愿做事 / 142

第 7 章　以心观心，交际事半功倍

社交高手必善体察人心 / 146
善察人心，交际一点也不累 / 147
听其言，观其行，察其心 / 149
巧妙攻破对方的心理防线 / 152
细微处入手，润心细无声 / 153

利用共性心理，敲开他的心门 / 156
"假如我是他……" / 159
关系的和谐来自心灵的默契 / 162
像感受自己一样去感受他人 / 164
一只"心眼"，看出对方的闪光点 / 166

第8章　做人讲分寸，才能赢在恰到好处

逾越极限，交际适得其反 / 170
直言直语，伤人又伤己 / 172
所谓会说话，就是讲分寸 / 174
语言"障眼法"，交际润滑剂 / 176
远离说话中的"四忌五疑" / 178
人际关系中的舍与得 / 180
做事留余地，进退方自如 / 182
依据对象定制"交往名片" / 185
做人恰如其分，做事恰到好处 / 189

第9章　影响他人，而不被他人影响

太在乎别人，就自己受累 / 192
跟随别人步伐起舞演不出好戏 / 194
做自己，别让世界改变你 / 196
魅力，无声无息中影响他人 / 198
形象，赢得持久的吸引力 / 201
气量大迎来高朋满座 / 203
热情，感染你周围的每一个人 / 205
自制力，通向和谐的人际关系 / 208

结语　累得恰到好处，才是完美的人生

第 1 章
关系不能过于亲近，也不能过于疏远

做人累，交往越深越难处

许多人都有这样的经验和体会：与某人的关系越亲密，越容易经常与其发生摩擦和矛盾，越感到与人相处很累，反倒不及与初次见面者交往容易、轻松。家庭成员、情侣之间常常相互埋怨，正是这种情况的表现。按理说，交往得越深，就越容易相处，相互之间的人际关系也越好，可事实上并非如此。原因何在？

这其实可以用心理学上的刺猬法则（也叫心理距离效应）来解释。那么，什么是刺猬法则呢？

刺猬法则说的是这样一个十分有趣的现象：在寒冷的冬季，两只困倦的刺猬因为冷而拥抱在了一起，但是由于它们各自身上都长满了刺，紧挨在一起就会刺痛对方，所以无论如何都睡不舒服。因此，两只刺猬就分开了一段距离，可是这样又实在冷得难以忍受，因此它们就又抱在了一起。折腾了好几次，它们终于找到了一个比较合适的距离，既能够相互取暖又不会被扎。这也就是我们所说的在人际交往过程中的"心理距离效应"。

在现实生活中，这种例子举不胜举。一个你原来非常敬佩或喜欢的人，与其亲密接触一段时间后，对方的缺点就日益显露出来，你就会在不知不觉中改变自己对其原有的感情，甚至变得非常失望与讨厌他。夫妻、恋人、朋友以及师生之间都不例外。

曾有人做过这样一个实验。在一个大阅览室中，当里面仅有一位读者的时候，心理学家便进去坐在他身旁，来测试他的反应。结果，大部分人都快速、默默地远离心理学家到别的地方坐下，还有人非常干脆明确地说："你想干什么？"这个实验一共测试了整整80个人，结果都相同：在一个仅有两位读者的空旷阅览室中，任何一个被测试者都无法忍受一个陌生人紧挨着自己坐下。

由此可见，人和人之间需要保持一定的空间距离。人人都需要一个能够把握的自我空间，它犹如一个无形的"气泡"为自己划分了一定的"领域"，而当这个"领域"被他人触犯时，人便会觉得不舒服、不安全，甚至开始恼怒。

法国前总统戴高乐曾经说过："仆人眼里无英雄。"这也说明了人在和他人的交往过程中应该留有一定的余地——相应的心理距离，否则伟大也会变得平凡。戴高乐是一个非常会运用心理距离效应的人，他的座右铭是：保持一定的距离!这句话深深地影响了他与自己的顾问、智囊以及参谋们的关系。在戴高乐担任总统的十多年岁月中，他的秘书处、办公厅与私人参谋部等顾问及智囊机构中任何人的工作年限都不超过两年。他总是这样对刚上任的办公厅主任说:"我只能用你两年。就像人们无法把参谋部的工作当做自己的职业一样,你也不能把办公厅主任当做自己的职业。"这就是他的规定。

后来,戴高乐解释说,这样规定有两个原因。第一,他觉得调动很正常,而固定才不正常。这可能是受到部队做法的影响,因为军队是流动的,不存在一直固定在一个地方的军队。第二,他不想让这些人成为自己"离不开的人"。唯有调动,相互之间才能够保持一定的距离,才能够确保顾问与参谋的思维、决断具有新鲜感并充满朝气,同时也能杜绝顾问与参谋们利用总统与政府的名义来徇私舞弊。

戴高乐的这种做法值得我们深思和借鉴。如果没有距离,别人就会随意侵入你的空间,干扰你的生活和工作,时间一长,会产生很多的问题。人与人之间相处,还是保持一定距离为好。

做人累,过度热情招人厌

有的时候对人过度热情,反而没有任何效果,甚至会招来反感。例如，有一位顾客就经常抱怨：三番五次地接到通信公司发来的服务短信，说什么你刚才拨打的电话彩铃非常好听，要不免费试用两个月？弄得他烦不胜烦。

  类似的事情还有很多。比如，美容店、理发厅给爱美的女士极力推荐美容新产品，推销办理各种会员积分卡、消费卡；影楼拍摄照片，店员极力推荐所谓的"优惠套餐"，并想尽办法让你增加洗片数量；到银行办理贷款，柜员费尽口舌要你办理某种理财业务；进入超市购物，服务员极力推荐某种洗发产品，等等。

  在市场竞争激烈的情况下，对商家来说，顾客是上帝，必须提供热情的服务。但是，倘若"热情"过度了，便会使消费者觉得毫无真诚可言，甚至引来反感。这种看似的"热情"，实则比冷淡还难以令人接受。

  热情过度的服务，难以收到商家预期的效果。随着广大消费者对产品认知的心理越来越成熟，绝大多数人已不会凭一面之词的夸赞就相信某一种产品了，他们的消费行为和消费观念越来越成熟，选择商品更加理性。

  从消费者的心理来说，人往往都具有一种天生的逆反心理。你越讲得好，越吹得天花乱坠，他反而会产生怀疑，最终导致消费者对这一产品不信任甚至厌恶。

  所以，不妨改变一下策略，有的时候创造"热情"，不如创造"距离",保持点"神秘"。我们来看一个经典的例子。

出版商为了让J.K.罗琳的哈利波特系列《哈利波特与火焰杯》取得轰动的销售成绩,特意制造了媒介、书迷和作者的距离感,取得了不同凡响的收效。出版商是怎么制造距离的呢?

原来,出版社在出版前全面封锁消息,书籍的标题、篇幅和价格保密到发行前两周。不赠送供评论用的赠阅本,不允许采访作者,因为担心考虑不周导致内容泄露而推迟译成外文版本。

首发日之前,刺激性的情节细节,包括关键人物之死和哈利的性唤醒一点点透露给垂涎已久的记者团,并要求印刷商和销售商签订绝对保密的协议。经销商受到严格审查,不过有些被允许在2000年7月8日前,在限定的场地短时间内展示令人眼馋的几册新书样本。

当时,几册新书样本"无意中"由西弗吉尼亚州最偏僻的一家不知其名的沃—玛特连锁店售了出去,不过其中一个"幸运的"孩子被全球媒体长篇累牍地加以跟踪报道,并刊登在了备受关注的每个头版的显著地位。

经过这一系列的举措,拉大了书迷们和书的距离,从而使书迷非得到不可的情绪更为狂热。最终,该书十分畅销,出现在了杂货商店到路边餐馆的每个地方。

换个角度思考,如果该书在出版之前,就过度热情地接受各种媒体的访谈，毫无保留地披露书的内容，恐怕书迷的热情一定会随之降低，不会出现如此疯狂热销的情况。

所以，巧用距离感来活化人际交往，不失为一种策略。只要运用得当，往往会起到意想不到的效果。

交往距离多少才合适

在美国著名人类学家爱德华·霍尔博士看来，通常而言，彼此间的自我空间范围是由交往双方的人际关系与他们所处的情境来决定的。据此，他划分了四种区域或者距离，每种距离分别对应不同的人际关系。

第一种是亲密距离。

这是人际交往中的最小距离，甚至被叫做零距离，也就是人们经常说的"亲密无间"。它的近范围是在6英寸（约0.15米）内，在此距离内，人们相互之间可以肌肤相触，耳鬓厮磨，以至能够感受到对方的体温、气味以及气息；它的远范围是6英寸~18英寸（0.15米~0.44米），在此距离内，人们可以挽臂执手或者促膝谈心，通过一定程度上的身体接触来体现出相互之间亲密友好的关系。

在现实生活中，这种距离主要出现在最亲密的人之间。在同性间，常常仅限于贴心朋友；在异性间，仅限于夫妻与恋人。所以，在人际交往过程中，倘若一个不属于该亲密距离圈中的人，在没有经过对方允许时随意闯入这个空间，无论其用心与目的怎样，都是不礼貌的行为，都会引起对方的反感与彼此的尴尬，一般会自讨没趣。

第二种是个人距离。

这是在人际交往过程中稍有分寸感的距离。在此距离内，人们相互之间直接的身体接触已不多。其近范围在1.5英尺～2.5英尺（0.46米～0.76米），以能够互相握手及友好交谈为宜。这是熟人之间交往的空间。若是一个陌生人贸然进入此空间，就会构成对他人的侵犯。其远范围在2.5英尺～4英尺（0.76米～1.22米）。所有朋友与熟人都可以自由进入该距离，但一般情况下，和比较融洽的熟人谈话时，距离更靠近远范围的近距离（2.5英尺）一端，而陌生人之间交往时则更靠近远范围的远距离（4英尺）一端。

第三种是社交距离。

它和个人距离相比，无疑又远了一步，体现的是一种社交性或者礼节上的比较正式的关系。其近范围是4英尺～7英尺（1.2米～2.1米），人们在工作场所与社交聚会上通常都保持这种空间距离。

一次，主办人在安排外交会谈座位的时候发生疏忽，在两个并列的单人沙发中间未摆放茶几。结果，坐在那儿的两位客人一直都尽可能靠在沙发的外侧扶手上，而且身体也经常后仰。可以看出，在不同的情境和关系下，人们就需要调整不同的人际距离。倘若距离和情境、关系不对应的话，就会使人们出现明显的心理不适。

这种社交距离的远范围是7英尺～12英尺（2.1米～3.7米），它被认为是一种更正式的交往关系。在公司里，经理们一般使用一个大而宽阔的办公桌，并在离桌子一段距离处摆放来访者的座位，这样就能和来访者在谈话时保持一定的距离。同理，在企业领导人之间谈判、工作招聘面试、教授与学生的论文答辩等时候，也常常都要隔一张桌子或者保持一定的距离，这样便增加了庄重的气氛，也增加了双方的适应程度，显得更得体与正式。

第四种是公众距离。

这种距离是在公开演说时演说者和听众之间保持的距离。它的范围一般在12英尺～25英尺（3.7米～7.6米），其最远范围在上百英尺以外。这是一个基本上能够容纳所有人的"门户开放"空间。在此空间内，人们是可以相互之间不发生任何联系的，甚至人们完全可以对处于此空间内的其他人"视而不见"，不和他们交往。

由此可见，在人际交往时，双方之间相距的空间距离是彼此之间是否亲近、友好的重要标志。所以，在人际交往中，选择正确的空间距离非常关键。

心灵应贴近，形体有距离

　　交朋友难，而保持友情更难。我们从小就会交上朋友，走上社会，交的朋友更多，而且这些朋友层次不一，等级不同。有的只是普通朋友，有的则是挚友；有的只是生意上的朋友，有的则是生活上的知音和事业上的伙伴。

　　我们经常会对生活中的交友感慨无限，一些好得不得了的朋友，最终还是散了，有的缘尽情了，有的则不欢而散。"做人难，做人累"啊！

　　当然，朋友失去了还可以再交，但新的朋友未必比老朋友好，失去友情更是人生的一种损失。为了避免失去朋友，让多年的友情随风而散，有一个交友原则值得你考虑——好朋友也要保持距离！

　　这话似乎有些矛盾，既然是好朋友，那为何还要保持距离？这样不就彼此疏远、缺乏诚意吗？而现实中很多人友情疏散，问题就恰恰出在这种形影不离之中。

正如世界上没有两片完全相同的树叶一样，世界上也没有两个个性完全相同的人。人的性格是千差万别的，每个人的出身背景不同，彼此所处环境不同，所受教育不同，人生经历也不同，因此每个人的学识修养、思想观念、处世方式等都表现出较大的差异。人与人之间相处，如果挨得太近，甚至不分彼此，形影不离，时间一长就难免产生矛盾，互相指责对方，说对方的不是，关系出现裂痕，最后人离情散，甚至反目成仇。

世上再亲密的关系，即使如夫妻之间，也要保持适当的距离。过于亲密，时间长了，不仅感情会麻木，而且容易产生矛盾。密友之间交往的艺术与夫妻之间相处的艺术有些共同之处，要"保持一定的距离"。所以，如果你有了自己的"好朋友"，与其因为太接近而彼此伤害，不如适度保持距离，以免碰撞，而且还能增进对方的感情。

所谓"保持距离"，简单地说，就是不要过于亲密，一天到晚形影不离。也就是说，心灵应贴近，但形体应该保持距离。

"保持距离"能使双方产生一种"礼"，有了这种"礼"，就会相互尊重，避免碰撞而产生伤害。但运用这一技巧时，一定要注意一个"度"，如果距离过大，就会使双方疏远，尤其是现代商业社会，大家都在为自己的事业奔波，实在挤不出时间，这样很容易忘了对方，因此一对好朋友也要经常打个电话，了解对方的近况，偶尔碰面吃吃饭，聊一聊，否则就会从好朋友变成一般的朋友，最后变成只是熟人罢了，两人的友情等级会逐渐递减！

因此，为了保存你们之间的友谊，为了让你的人生不再孤寂，那就遵循这一原则——好朋友也要适度保持距离！

亲密并非无间，美好需要距离

在交往时，社会地位不同，自我空间范围也会有所不同。通常而言，有权力和地位的人对个人空间的需求就会大一些。当人们与有权力和地位的人接触时，不敢贸然挨着他坐，而是尽可能坐到距离远些的地方，这些都是为了避免因为侵犯了他的自我空间而惹他不高兴。

除此以外，人们确定彼此之间空间距离的因素还有性格与具体情境等。比如，性格开朗和喜欢交往的人更乐于接近他人，也较易容忍他人的接近，他们的自我空间比较小；而性格内向和孤僻自守的人就不愿意主动接近他人，宁可将自己孤立地封闭起来，对接近自己的人非常敏感，当自我空间受到侵占时，他们很容易产生不舒服感与焦虑感。

我们在了解了交往过程中人们需要的自我空间和交往距离后，就应当有意识地选择和他人交往时的最佳距离，以便能更好地进行人际交往。

人与人之间的交往，一定要把握好分寸。尽管我们有着良好的愿望，希望自己所拥有的人际关系亲密度越高越好，但还必须记住"亲密并非无间，美好需要距离"。

在日常人际交往中，以下几点也是需要大家注意的。

首先，要尊重别人的隐私。

不论多么亲密的人际关系，也应彼此保留一处个人心理空间。人们总以为亲密的人比如夫妻之间、父母与子女之间，似乎不应当有什么隐私可言。其实，越是亲密的人，越要尊重对方的隐私。这种尊重表现为不随便打听、追问他人的内心秘密，也不随便向别人吐露自己的隐私。过度的自我暴露，虽不存在打听别人隐私的问题，却存在向对方靠得太近的问题。

其次，要有容纳意识。

容纳意识要求我们尊重个性差异，容纳对方的缺点，谅解对方的一般过错。"水至清则无鱼，人至察则无徒。"清澈见底的水里面不会有鱼，过分挑剔的人也不会有朋友。没有容纳意识，迟早会将人际关系推向崩溃的边缘。

最后，要懂得运用和操纵距离效应。

距离效应是指由于时间的阻隔，彼此间有了距离，一旦把距离缩短，重新相聚，双方的感情便能得到最充分的宣泄。在这里，距离成了情感的添加剂。可见，有时距离的存在也能给人以美的享受。因此，应当培养自己保持一定距离看他人的习惯，同时，也不要时时刻刻把自己的透明度设置为百分之百。内心没有隐秘虽然能够显示自己的坦荡，但也会因此失去了应有的人际距离，无形中为以后的人际矛盾埋下祸根，从而导致人际关系方面出现压力，这种做法其实并不明智。

再好的朋友也要保持距离

交友的过程往往是一个彼此气质相互吸引的过程，因为你们有共同的"东西"，所以一下子就越过鸿沟而成了好朋友，甚至"一见如故，相见恨晚"。这个现象无论是异性或同性都一样。但再怎么相互吸引，双方还是有些差异的，因为彼此来自不同的环境，受不同的教育，因此人生观、价值观再怎么接近，也不可能完全相同。当两人的"蜜月期"一过，便无可避免地要碰触彼此的差异，于是从尊重对方开始变成容忍对方，到最后试图改变对方。当要求不能如愿，便开始背后的挑剔、批评，以致结束友谊。

人就是这样奇怪：未得到时总想得到；未靠近时总想贴在一起，真正得到和靠近了却又太过苛求。人总在无意中伤害着他们自己。很奇妙的是，好朋友的感情和夫妻的感情很类似，一件小事也有可能造成感情的破裂；所以，如果有了"好朋友"，与其因太接近而彼此伤害，不如"保持距离"，以免碰撞！

　　有些人自以为朋友和自己亲密无间，说什么他都不会计较，便常在朋友面前诉说对他的不满。如果这位朋友心怀宽广，知道你的良好用意还好，但如果他不像你想象得那么大度，则很有可能记恨在心，甚至找机会报复你。因此，你在坦言之前，最好是认真思考一下这样做的后果，看对方是否能够接受，是否会产生逆反心理，是否感到你的行为过于轻率，是否会影响到你们之间的友谊。

　　与人相处，应当坦诚相待。但这并不是说把自己完全暴露给对方，与人亲密得像亲兄弟一般。过于坦诚，对友谊并无多少好处。把自己完全"交给"对方，对对方本身就是一种负担。与对方靠得太近，就会侵扰别人的生活空间，妨碍别人的生活节奏，久而久之，对方就会对你心生反感，虽然有时嘴上不说，内心却在排斥你。

　　什么事情都有限度，如果和朋友走得太近，太过不分彼此，只能给别人、给自己带来不必要的麻烦。因此，与朋友适当保持一点距离，让彼此都有属于自己的自由空间。

再好的朋友也要保持一定的距离，这样才能让友谊之情长久。

距离得当，关系响当当

我们都听说过："一个篱笆三个桩，一个好汉三个帮"，这是说每个人没有朋友是不行的，我们在生活中都有依靠朋友帮忙的时候。有时候我们会感到朋友能给我们带来温暖，但也有这样的情况，就是朋友的交往妨碍了我们的生活和工作，朋友的热情也让我们害怕。

人与人之间交往，朋友之间往来，要认清这样一个现实：我们各自的家庭、工作和其他社会环境，都不尽相同。如果不考虑实际，以自我为中心，强求对方经常与你交往，势必会给对方带来困扰。

即使是最要好的朋友，彼此之间也是有一个属于自己的私密空间。不干扰和擅自占有他人的个人空间，是对对方的尊重。不过分亲密，也不过分疏远，交往有度，距离适宜，才是最佳的相处之道，才有利于彼此沟通。

每个人的性格不一样，人与人之间的差异是必然存在的，交往的次数越频繁，这种差异就越是明显。过于频繁地交往会使这种差异给相互的友谊造成不好的影响。

小张早就知道好友小王有大手大脚、不拘小节的特点，他一直认为这是男子汉粗犷豪放的体现，甚至因此埋怨自己什么事都算计，节俭得过分。后来小张通过小王调到了他们的单位，两个好朋友一下子形影不离了，聊天、旅游、喝酒，出则成双，入则成对，在一起玩得很开心。

不久，小张就厌倦了这种生活，原来在他眼里的小王的那些优点不知怎么都变成了缺点。原来的粗犷豪放现在变成了粗心大意，不理解人。比如每次吃饭，小王都会要上满满的一桌菜。有时吃完饭，一抹嘴起身便走，留下小张"买单"。一开始小张还不怎么在乎，可时间长了，并不宽裕的小张就有点受不了了。劝了小王几回，但小王就是那个脾性，根本不想改。有一次吃饭，上述情况再一次出现，这一次小张忍无可忍，终于表达了对小王的不满，使两人的关系蒙上了阴影。而小王也觉得小张小气，不够朋友。

这样的情况的确让人感到遗憾。但生活是现实的，每个人都面临着一定的生活困难，不考虑对方的生活状况，交往时不顾对方的感受，就会给对方造成损害，伤害对方的自尊心。

做任何事都要有合适的分寸，交际也是一样。我们固然需要朋友，但和朋友也要有适当的距离。距离保持得不好，可能反而给我们造成麻烦。

因此，我们要记住一点，交友不要过往甚密，一则影响双方的工作、学习和家庭，再则会影响感情的持久。交友应重在以心相交，来往有节才比较合适。

疏者密之，密者疏之

在管理实践中，交往中的刺猬法则一样适用。具体来说，领导者如果要搞好工作，则应该与下属保持亲密关系，但这是"亲密有间"的关系，是一种不远不近的恰当合作关系。

与下属保持心理距离，可以避免下属的防备和紧张，可以减少下属对自己的恭维、奉承等行为，但也要防止与下属称兄道弟、吃喝不分。这样做既可以获得卜属的尊重，又能保证在工作中不丧失原则，防止员工产生依赖心理，将工作中的问题和困难都往上面推，从而给领导的工作造成被动局面。一个优秀的管理者，要做到"疏者密之，密者疏之"，这才是成功之道。

没有距离感就难以树立权威。上司为顺利展开工作而注重同下属保持亲密关系固然重要，但一定要避免与下属私交过密。因为这种人与人之间的感情往往束缚人的心灵，从而使你对下属难以采取公事公办的态度。

希尔顿为自己的旅馆王国立下过一条原则：最低的收费和最佳的服务。他要求饭店的所有职员一定要做到和气为贵，顾客至上。不管谁违反了这一规定，都要受到严厉的惩罚。

在平时的工作中，希尔顿总是和蔼可亲，他爱与员工们谈天，关心他们的生活，热心帮助他们解决困难，所以员工们与他的关系都很融洽。和希尔顿聊天，就像是和一位长辈谈心，不用拘束，也不用担忧，因为他是把每个人都当做酒店的主人来对待的。

但是在原则问题上，他是绝不含糊的。在工余时间，他从不邀请管理人员到家做客，也从不接受他们的邀请。

一次，饭店一位经理与顾客发生了争执，居然还大吵了起来。希尔顿知道这件事后，立刻辞退了这位经理。虽然这位经理业务能力很强，为饭店做出过不小的贡献，但希尔顿并没有姑息他，而是严格地执行了规章。希尔顿这种说一不二的性格，使得许多员工都认为他是一个特别严肃的人，所以都很尊重他。希尔顿的威望与日俱增。

正是这种保持适度距离的管理，使希尔顿的企业始终站在时代前沿。因此，领导和员工保持一定的距离，更能提高其威望，工作才能更好地开展。

刺猬效应告诉我们领导要与下属保持适当的距离，不能过于亲密，否则容易丧失领导权威，失去工作原则，但是如何做到与下属之间的适当距离呢？

首先，通过细心观察了解下属性格。

对于性格比较开朗的，领导与下属之间的距离不能太近，应该有一定的距离；对于性格比较内向的，领导应该多接近下属，让他敢于、勇于说出自己的心里话，让他意识到自己在团队中的作用，目的是给他建立自信，更好地激励他的工作热情。

其次，在工作期间一定要分清领导与下属的关系。

在下班以后可以视为朋友、哥们，但工作期间要注意场合，把握好分寸。

最后，当员工碰到难题时候，应该提供必要的关怀和帮助。

管理者可以帮员工一起解决问题，所以这个时候可以走得相对近一点。

留出空白，让彼此"思念"

中国画里有一个术语叫"留白"，就是画家在绘画时故意留下一角空白，以使观赏者产生丰富的联想和不尽的遐思。一幅画能够适当地留下不着色彩的空白，会收到"恰是未曾着墨处，烟波浩渺满目前"的效果。在音乐中，作曲家作曲时也经常在乐曲中间留下停顿，也能起到和"留白"同样的作用。

白居易的《琵琶行》中有这样一段："嘈嘈切切错杂弹，大珠小珠落玉盘。间关莺语花底滑，幽咽泉流冰下难。冰泉冷涩弦凝绝，凝绝不通声暂歇。别有幽愁暗恨生，此时无声胜有声。"音乐于极致中戛然而止，给人留下的是无尽的思想空间，也起到了"留白"的作用。

这种留出空白的艺术表达方式，给人感觉更富有灵气，更能启发人的想象力，具有独特的审美效果。"留白"为什么会起到这样的作用呢？它是有其心理学依据的。

心理学家认为人的心理有这样的特点：在感知世界的时候，如果感知对象不完整，便会自然地运用联想，在头脑中，对不完整的感知对象进行补充，直至完整。

奇妙的是，人们对经过联想去"补充"的感知对象，会产生更强烈的心理触动，不仅印象深刻，而且更容易记住。这种现象是由空白效应所致的。空白效应是指在演讲的过程中，适当地留一些空白，会取得良好的演讲效果。

空白效应给我们的启示是，在人际交往过程中，要善于留白。

比如夫妻之间，如果相互之间没有距离，把对方看得太紧，恐怕只会起到适得其反的效果，对感情的发展不利。相反，如果给对方一定的空间，彼此保留一定的神秘感，那点空白会使两人更有走近的欲望。

针对某些双方有矛盾、有争议的问题，不妨先放一放，停一停，给彼此一些自省的空间和时间，让大家慢慢去体会、醒悟。

当双方的矛盾或者分歧就要一触即发，当对方瞬间就要大发雷霆的时候，不妨用沉默或者其他如喝杯茶、吃个饭之类的转移注意力的方式，来暂时避开对方的锋芒，同时也让自己冷静下来。通常这样更有利于理性、和平地解决双方的问题。

双方交往中，更要适当地留出空白、空隙，像取暖的刺猬一样，彼此过于亲近，就会互相刺伤，要保持一个亲密度，留点缝隙，让新鲜灵动的空气自由出入。

与人交往，多同流，少合污

小孙进市场部不久，他就发现在这个近十人的部门里，有一个三四个人组成的小圈子。这几个人干活相互之间特别默契，但对这个圈子外的人则多少有点不配合，有时甚至暗中使绊；部门经理有时也睁一只眼闭一只眼，而那个圈子中核心人物的无形影响似乎比经理还大。这些天，那个圈子里的马大姐中午有事没事跟他套近乎，昨天问他父母是做什么的，今天问他有没有女朋友；当她知道小孙现在还没有女朋友时，马上表示愿意为他当"红娘"……小孙知道马大姐是想拉自己"下水"，成为他们那个圈子里的人，他有些犹豫；如果自己不进他们那个小圈子，今后自己在工作中也难免不会遭到刁难；如果进入他们那个小圈子，自己又从心里厌恶这种拉帮结伙的行为……他有点不知所措。

对于职场新人来说，以前一直生活在自己的世界里，某一天突然被推到一群陌生的同事当中，就会面临一个艰难的选择：是保持自己的个性，还是尽快融入这个陌生的环境？你可能会觉得与其跟一大帮无趣的人混在一起，还不如坚守自己的空间。于是，你坚持"三不原则"，不和同事做朋友，不和同事说知心话，不和同事分享秘密。每天例行公事后，就埋头看书，与同事的关系越来越疏远，但是，你渐渐发现自己的工作越来越困难，虽然自己谁也没得罪，可一些负面评价老是陪伴着你左右。最后，你才明白，其实人的最本质的特性就是社会性。人们总是寻求同类，排斥异己的。

所以，与同事多"同流"会帮助你尽快摆脱困境。

当然，这里说"同流"并不是说可以"合污"。混迹职场，少"合污"才是最重要的。如果一群同事老是算计着老板的资财，整天想着怎么把公司的钱多贪点，那你最好远离他们。因为"同流"是有前提的，那就是不影响公司利益，不损毁个人形象，说白了，就是在那些无关紧要的事情上，多"同流"是没有坏处的。而一旦"合污"可能引起大是大非问题，可不是你能控制得了的。

作为白领，你可以与办公室的那些小圈子里的人"同流"，因为不管你看不看得惯，他们都存在，他们都会对你的工作产生影响。所以，即使看不惯同事之间的小圈子，你也得习惯与这种小圈子打交道，敬而远之不是个办法。

当然，"同流"也是要讲原则的，那就是要少"合污"：一是，你不能对不是圈子里的同事采取排斥态度，真的"拉帮结伙"；二是，如果这个圈子真的开始"结党营私"，谋取私利，比如统一口径，虚报加班费的话，你就要与他们保持一定的距离。

第 2 章

对别人过好，就是对自己苛刻

善良是友谊桥梁，也是交际软肋

你或许遇到过这样的情形：有时你真心待人，对方却不真心待你。这让你感到很生气。

这个案例发生在一家广告公司中。张峰比周明晚来公司半年，和周明同属一个部门，只是分在了不同的小组。张峰平时总是憨憨地笑着，偶尔也和同事们开玩笑。他在部门里算最年长的——35岁。

现在广告公司的人员都趋向年轻化，公司改组，请走了好几位年过三十的"老朽"。没想到，张峰平时不显山不露水，现在倒成了周明的领导了。

周明对张峰是有些好感，觉得他挺朴实的。况且，他是来自农村的人，能够到北京发展，并且到这家比较有实力的公司，他的阅历肯定丰富。除了憨，他的节俭也给同事们留下了很深的印象……

很多时候周明感觉工作上一定要跟对人，这次改组成了张峰的下属，周明挺满足的：有张峰的关照应该不会吃亏。

接着公司有了一个很大的项目，小组成员都会拿出自己的方案，最后择优选用。偏偏新官上任的张峰迟迟不开会商讨。这是怎么回事？急性子的周明找到了张峰，他的回答是："公司刚改组，开始不会好做的，这次的策划由我自己来做。"

周明无话可说了。按照公司的规定，只有参与了策划才有钱挣，好点子会有额外奖金。成功的策划是可以名利双收的，张峰此举显然有他的意图。

几次事后，周明发现张峰实际上很有心计，会取巧。他的策划有很多是从别人那里信手拈来的，改头换面推出去。他还会把大家的好点子融合在一起，变为自己的创意。

不久，一件事情让周明彻底认识了张峰的为人。

那次周明出差三天回来，发现应由周明做的好几个方案都由张峰接手了，周明的创意，张峰的署名，并且有一个方案受到客户的赞许，老总发给张峰为数不少的奖金。

周明愤怒了，找到张峰，周明还没有开口，张峰就歉疚地对周明解释说，客户要得太紧，实在没办法，本来只是想拿周明的策划书应付一下，想不到客户很是满意，只好做了出来。还说他跟老板说过了，奖金分文不要。

话说到这，不好再说什么，工作上的摩擦在所难免，况且他是周明的直接上司，只要客户满意……

想不到过了两天，张峰走了！因为那份赢得奖金的策划书，另一家公司把他挖走了。他把周明的客户也带走了，还有公司的好多客户……他走得实在是太突然了，公司为此一下子陷入低谷。

后来周明明白了，因为张峰遭遇过贫穷、艰辛，所以向往成功，也更要不择手段。一个从小地方来的人，能在大城市扎根，本身说明他很不简单。

这件事给周明的教训是，做人不能太好心，有时好心也会没好报。做人应善良，但盲目地讲善良，就会被人利用，使自己受伤害。

善良是友谊的桥梁，但也是处世的软肋。善良更应该是一种手段和心态，而不应该成为你价值观的桎梏。因此，我们虽然要宣言善良、普及善良，但也要防止善良僵化你的思维模式。

对别人过好，就是对自己苛刻

有的人以为，他如果对对方特别好，对方也会对他特别好。这种心情是可以理解的，人们对别人给予的好处，总想要同等地回报。

然而，凡事过犹不及。你对别人过分的好，在人际交往中"过度投资"，可能引起三个不良后果。

第一个不良后果是，虽然人有自私的本性，不希望得到的少于付出的，但出于互惠定律，如果得到的大于付出的，也会让人心理失去平衡。因为这会使人感到无法回报或没有机会回报对方，而在心里感到愧疚，感到欠对方的情。这种心理负担会使受惠的一方只好选择疏远。

所以，在人际交往中，要有所保留。初入社交圈中的人容易犯一个错误，就是"好事一次做尽"，以为自己全心全意为对方做事，会使关系更融洽、密切。事实上并非如此。因为人如果一味接受别人的付出，心理会感到不平衡。所以不要把好事一次做尽，要留有余地，或者给对方回报的机会。

第二个不良后果是，对对方过好，会令对方对这种恩情感到麻木，时间长了，就不觉得你对他有多好。中国俗话说：一斗米养个恩人，一石米养个仇人，说的就是这个道理。就是说，你对别人适度地好，对方会感激你，也会回报你；如果你对对方过好，时间长了对方就麻木了，而你某一次达不到原来的标准，反而会引起对方的不满，从而得罪了他。用通俗的话说，就是把对方给惯坏了。

这在父母对孩子的教育中经常可以看到。俗话说,棍棒底下出孝子。如果你对子女过好,会让他习以为常,觉得理所当然,一旦将来让他独立解决困难,他就觉得你对他太不好了。还怎能指望他孝敬你呢?

夫妻之间也是如此。有时,妻子对丈夫太好,生活上照顾得无微不至,什么事都对他百依百顺,反而让对方轻视你的感情。因为人们对于太容易得到的东西,是不懂得珍惜的。而对方对你付出的不珍惜,反过来可能引起你的怨恨,结果在感情上形成了恶性循环,很不利于夫妻感情的健康发展。所以,在爱情关系里面,一个人不要只求付出,不求回报,而应该适当地向对方提出索取的要求,以保持感情付出的平衡。

第三个不良后果,就是容易让别人觉得你心太软,不怕你,对你无所忌惮。生活中并不是所有的人都是善良之辈,所以让自己有点威严,可以更好地保护自己,也让自己更有影响力。如果你总是对别人太好,则会让人觉得你善良而软弱,容易利用。作为领导,尤其要懂得恩威并施的手段,既要有软的一面,也要有硬的一面。

凡事都应把握个度,对别人过好,有时会导致负面影响,给自己带来麻烦,对自己不利,说得重一点,就是对自己的苛刻。因此,人与人之间来往,对人没有必要太好,适度最好。

可以好心，但是不能粗心

唐朝大将李抱贞坐镇潞州的时候，经费相当缺乏，而且没地方筹措，他实在想不出其他办法，居然打起了歪主意，把脑筋动到一位在地方上广受信徒尊敬的老和尚身上。

没多久，李抱贞便派人恭恭敬敬地把和尚请来，对他说："我想仰赖您的德望，筹措一些军饷，可以吗？"

老和尚答应后，李抱贞又说："那就请您向信徒们宣布，您将选择一个良辰吉日，在球场自焚而死。不过，您不必担心，其实这只是个噱头，我会事先在附近的一间房屋中，挖一条地道，与球场相通，等大火点着之后，供您逃生之用。"

老和尚觉得能为军队做点事，就毫不迟疑地接受了这项要求。

回家后，老和尚就开始准备相关事宜，而李抱贞也着手在球场堆放柴薪、油脂等工作，当一切都准备就绪后，便开始了七天的法事。

这段期间，李抱贞也邀请老和尚进入地道仔细察看，以进一步取得他的信任。

法事开始了，老和尚登上祭坛，手拿着法器，煞有介事地对众人讲经说道；李抱贞则率领着部下，恭敬地和信徒们一起站在祭坛下顶礼膜拜。

当法事进行到了尾声，老和尚依照先前所宣称的，准备引火自焚，没想到，李抱贞却早已暗中派人把地道给堵死了。

结果可想而知，好心没好报的老和尚，当然是与柴火一同化为灰烬。

由于李抱贞第一天就率先把自己的俸禄全数捐了出来，作为供佛之用，信徒们受到这番感召，个个争先恐后地慷慨捐献。

就这样，七天下来，布施的财物累积得相当可观。

可是，老和尚死了，一切秘密皆归于尘土。最后，李抱贞一一清点财物，达到了他借机筹措军饷的目的。

李抱贞为达目的不择手段，竟然利用信徒对老和尚的敬重，以及老和尚对他的好心，大费周折设计了一桩神不知、鬼不觉的骗局。这对人间的善良而言，却是惊心动魄的侮辱与警惕。

对于老和尚而言，抱着好心，却很粗心，竟然同意以骗人自焚的极端方式，来成全筹措军饷的"公益"目的，没想到竟是骗局一桩，连自己的命都赔了进去。

可见，任何美好的目的，若没有正当的手段，就是一种丑陋的行为、骗人的伎俩，更可能潜藏着看不见的危机。所以说，凡我平凡众生，光有好心还不够，可不能太粗心啊！

可以单纯，不能太单纯

我们强调做人应当单纯、坦诚、直率，不要城府、心计、聪明，但不是说做人处世可以感情用事，把自己的感情当廉价的馈赠品。如果过于单纯，没有原则地对人讲义气、讲感情，就会被别人当成趁机利用的软肋，给自己带来伤害。做人，可以单纯，但不能太单纯。

有一个年轻人叫孙皓，很讲义气，对朋友两肋插刀。可是，就是因为一个"义"字，使他赔了二十万元钱。

孙皓是一个公司的营销经理，有一回要配一台电脑，就去电子市场买电脑配件。他走到一个柜台前，里面站着一个小伙子。他询问了一下价格，柜台里的小伙子非常热情，给出的价格也很实在。两人一聊，原来还是老乡，这样孙皓就在他这里把货买了。后来电脑坏了，已经过了保修期，小伙子听说了，二话没说，跑去帮着修，最后没要钱。孙皓感到有些不好意思，就请小伙子吃饭。原来小伙子叫科健，专做电脑生意。后来，科健经常过来帮忙，这样一来二去，两个人就成了朋友。

有一天，科健问孙皓现在生意做得如何，孙皓说："现在竞争太激烈，生意不好做"。科健笑了笑说："做电脑生意很赚钱，我有几个做电脑生意的哥儿们拿麻袋装钱。现在有一个好机会，有个客户要订四十万元的电脑，我只要二十万就能搞定，净赚二十万。但是现在我没有资金周转，手头没钱，你有没有兴趣？"孙皓说："倒是件好事，不过我这人向来是踏踏实实做事，这种生意做不来。"科健马上神色黯然，长长叹了口气："我这人命苦，家里穷得等着我接济，在配件市场摆了几年摊刚够糊口，现在有机会又没资金，看来要穷一辈子了。"说完抹了抹发红的眼睛。孙皓也是苦过的，心里渐渐生出仗义之心，反正有钱赚又能帮朋友，就做一次吧。孙皓就说："你别难过，这笔生意我做了。"科健一听，喜出望外，连声说："谢谢，谢谢。"孙皓说："大家都是朋友，客气什么。"于是，他们一起同那个客户接洽。客户倒也爽快，签好合同后很快打来二万块钱的订金。

这样，孙皓就拿出十八万买齐了这批货。科健高兴地说，大功告成，我只要拿到两万块介绍费就心满意足了，事成后一定喝一杯。科健要孙皓赶快发货，说货早发货款就能早收。他自告奋勇要去替孙皓发货，孙皓本想一块去发货，一想科健是个热心肠，像防人似的伤感情，就没有去。结果，科健把那批货拿走就再也没回来。孙皓垂头丧气地对我说，现在客户正天天向他要货,可是他再也拿不出二十万元的货了。孙皓说,他花二十万元买了一个大教训。

做人不能感情用事,如果不讲原则,感情用事,喜欢"哥们义气",那么你的感情就有可能会被别人利用,变成伤害自己的"刺"。

人生从某种角度看也是一场战争,在这场生存的战争中,必须要有慎重的生活方式和态度,不能够太单纯。凡事不应全凭感情,应该冷静和理智一些,这样会大大减少上当和吃亏的几率。

不可教条地套用世俗道德观

心理学家指出,如果一个人能够把应该是什么和实际是什么这两样东西区分开来,那么,这个人就开始走向成熟了。

这是非常有道理的。从这个角度来说,我们中的大多数人在为人处世以及人际关系方面,其实是不成熟的,甚至可以说比较幼稚。

因为很多人常常不能够正确区分应该是什么与实际是什么这两样东西,而且对两者之间存在的差别不能坦然地接受。进一步说,人们对待社会运行与发展的规律不能实事求是,或不承认现实的合理性，或者把现实理想化，而这正是他们受到现实的冷遇和打击的重要原因。

历史和现实告诉我们，社会运行与发展不仅仅依靠道德的力量，在实际的发展中还遵循一些现实的原则。人往往认识不到，或者不能正确理解这种现实法则，一味地固守和坚持道德标准，因而导致了心理上的某些偏差。

事实上，只有理解了现实法则与道德法制的基本内涵和相互关系，我们才能真正看清我们所处的这个世界的真面目，才能实事求是地指导自己的生存和发展。

就拿行善这件事来说，如果对方是个恶人，你就不能对他施以简单的好心肠，纵容坏人的结果是使自己成为帮凶。"农夫和蛇"的故事所说的正是这个道理。

在一个寒冷的冬天，赶完集回家的农夫在路边发现了一条冻僵了的蛇。

他很可怜它，就把它放在怀里。当他身上的热气把蛇温暖以后，蛇很快苏醒了并露出了残忍的本性，给了农夫致命的伤害——咬了农夫一口。

农夫临死之前说："我竟然救了一条毒蛇，就应该受到这种报应啊。"

做人一定要分清善恶，只能把援助之手伸向善良的人。有的人往往是以一种毫无保留的态度完全接受道德标准，这种人其实是以一种理想化的方式来理解和观察我们所处的这个世界，因而总是在现实中碰壁。

有些人也已经认识到了理想和现实的冲突，但他们视道德准则为理所当然的"善"，并极力排斥社会现实法则，视其为理所当然的"恶"。他们往往不能容忍和接受现实道德标准的任何突破和弱化，他们往往会以一种情绪化的厌恶态度来对待社会现实法则，这样，他们不仅限定了自己的行为范围，而且限定了自己的交际范围，在做事过程中也总是处于一种孤立无助的境地。

做人要明辨是非，分清好坏，然后要用正确的方法处世，如此才能让自己不受伤害。

不做任人捏的"软柿子"

在动物界，流行的是"弱肉强食"的法则，弱小的生命很容易受到伤害，但它们都各有免受伤害的"绝招"。有的会变色，和周围的颜色很相似，很难发现；有的浑身长满了刺，很难下口；还有的会放屁，熏得人恨不得赶快一走了之。真可谓是八仙过海、各显其能。

在一片树林里,有一棵硕大的无花果树,树干上缠满了蔓藤,树上住着几只天鹅。有一次,当这些天鹅飞出去寻找食物的时候,一个猎人爬上树去,在天鹅窝里布下了机关。晚上,当天鹅飞回窝时,一个个都被绊索捆住了。它们却只能互相看着,都动弹不得,天鹅们不禁流下了眼泪。

这时,一只老天鹅说:"我有一个好办法,那个猎人一来,我们就假装已经死了。猎人就会把我们都扔到地上,当他往下爬的时候,咱们就一起飞起来。"天一亮,猎人来了,他看到天鹅都一动也不动,就像死了一样。猎人没有丝毫怀疑,就把它们从绊索上解下来,一只只丢到地上,当它们看见猎人往下爬时,就一起飞起来逃跑了。可见,学会自我保护,可以免受外来的伤害。

做人应当善良,与人为善。然而这个社会充满了利益之争,生存其实是一个残酷的过程,大自然法则从来都是适者生存、弱肉强食。不管我们的慈悲心多么深厚,生存的必要条件就是活着。如果我们没有原则地讲善良,那么我们的善良就会被别人利用,使我们受到伤害。这不仅会威胁到我们的工作,甚至会危及我们的生命。这样的善良,会让我们的人生付出沉重代价。

因此,我们要有原则地讲究善良,在讲究善良的同时,加强一点自我保护的意识。

我们有时也要"装一装",不妨也做一回"恶人"。如果我们在恶人面前是一副"羊相",那么就很危险了。谁买柿子都会捡软的捏,恶人也不例外,他看你善良软弱,看你是"软柿子",就会欺负你。所以,我们不妨做一只"披着狼皮的羊",让别人以为我们不是"善茬子","不好惹",这样恶人就会敬而远之,也就起到了保护自己的目的。

虽然"做人勇敢,不怕牺牲"是一个人不可缺少的品质,但是怎样保护自己,让自己更好地生存下去,才是更重要的事情。我们要时刻记住,保护自己不受伤害是最基本的生存法则。只有生存下去,所希望的一切才有可能实现。

人有锋芒受人敬

人与人之间的交往是一个互相适应的过程,在这个过程中,不能没有分寸地善良,更不能过于软弱。

没有分寸地善良,就会被别人的"刺"刺伤。而软弱的东西总是容易被压扁,丧失基本的生存空间。个人的权利与利益都是通过奋斗争取而来的。

多尼是一家公司的销售代表，他的上司对多尼近来的营销状况极不满意，当着众同事的面，甩出一沓报表，把多尼臭骂了一顿。但责任并不在多尼身上，问题出在广告宣传上。多尼有许多委屈，但不便马上反驳，否则将是火上浇油。他把上司的意见记在笔记本上。待上司情绪平稳后对上司说：我对公司的销售有几点建议。多尼先肯定了营销工作确实有待改进，然后提出对广告宣传的意见。上司听他侃侃而谈，十分重视，随即招来广告部负责人与多尼一起共商对策，公司的销售状况很快好转了。

凯瑞是多尼的同事，见上司喜欢差遣多尼，便时常找碴儿与他针锋相对。多尼采取的态度是不卑不亢，平时十分注意把与之相关的工作处理得当，让凯瑞无话可说。当凯瑞不识趣非要恶言相向时，多尼仍不愠不火。等到单独相处时，多尼正色道："竞争是争业绩不是争是非，我忍让你一次但不会忍让多次，如果你实在不服，咱们可以请上司来评理。"凯瑞见多尼不好惹，从此便不再找多尼的麻烦。

我们一定要坚持确立自己待人处世的原则，并严格按照原则去坚守。面对别人的非礼，要适度的抗议和生气。当受到不公平的待遇时，要有勇气抗议，这种抗议必须有气势，不必得理不饶人，但要充分表达立场。让自己表现得有些"棱角"。有棱角才不会被压扁。

我们在生活中不要过于压抑自己的个性和欲望，适度伸张个性和欲望，这样不但会让我们生活得更幸福，也会让别人觉得你更有魅力。

当好人，不当"滥好人"

古人云："大道无道，圣人不仁。"意思是说，大道和圣人并不代表一定要一味地当老好人。

做人，要做好人，但不要当老好人，更不要当"滥好人"。老好人难当，原因很多，主要有以下四个原因：

首先，很少有人相信你的好心。人们往往会习惯性地以最坏的恶意来推测你，因为社会有利益的争夺。你的好心很可能会被别人认为是有企图，即使你仅仅是出于一片好心。

其次，你的好心很可能办错事。如果一片好心把事情做对的，也许别人会对你有所感激；但如果把事情办坏了，很多人就会以为你是故意的。与其承担办错事情的风险，倒不如不要表现出自己的好心。

再次，好心会被认为是一种感情投资。如果感情投资过度会让人对自己产生反感，人们就不愿意再接受你的帮助，不愿与人来往。

最后，好心容易被别人当成一种习惯。你每天都给办公室打水，大家开始也许会对你有些感激，但是如果形成习惯以后，如果你哪天不打水，大家会对你产生一种陌生感。他们会把打水的任务自然地当成是你的任务。

做人，要有好心，但没有必要过分好心，经常做好事，否则就是爱心泛滥，很可能会发生对人对己都不利的事情。

有这样一个职场中的好人，所有的功劳都归给别人，而将所有的过错都揽到自己头上，实际上很多功劳都是他取得的，很多过错并不是他犯的。但领导很不喜欢他，认为他总是犯错，而且从来不立功。是自己的功劳就是自己的，何必要归给别人呢？如果不是自己的过错，又何必要强出头认错呢？当然，如果有其他打算那就另当别论了。

这世界上有一类人，心肠太好，对世界过于感恩，所以一直活得很压抑。这种人对这个世界有着一种过分的感激，他想当一个大好人，把好运给别人，但是最后好运都来到自己身上，于是他觉得心理不平衡，只好以自责来折磨自己。这种人确实存在，但这种为人处世的态度是不可取的。

大道无道，圣人不仁，有伤害别人的能力，但从来不伤害别人。有帮助别人的能力，但从来不把自己当成一个爱心泛滥的施舍者。你想得到什么，你也将得到什么。

一个人如果连自己都保护不了，自己都无法维持什么，拿什么去帮助别人？只有自己先保证了生存和发展，然后才能帮助别人。当然不能为了自己的生存和发展而去损害别人的利益。不要随意去伤害别人，不做老好人，也千万不要随意去做个坏人。每一个人只要遵从自己心中的道，想得到什么，然后努力去争取就可以了，确实没有必要责备自己、苛求自己，把自己定位为一个无私的奉献者。

因此，我们要当好人，但不要当"滥好人"。

做好人，也要讲究好手段

做人，要做好人。但做好人，也必须讲究手段，不讲究手段地去做人做好人，不仅容易自己吃亏上当，而且容易受到世人的误解。

做好人是要讲究手段的。有一种人，他对所有的人都很好，无论在什么时候都先为别人着想。但是他并没有多少朋友。因为受到他恩惠的人会以为他另有企图。即使能够理解他的好心，受了他的恩惠太多，也会觉得心里不平衡，进而主动疏远这个人。

人都想自由,都想在做决定的时候不受任何因素左右。如果一个人受到别人很多恩惠,那么,他的决定必然会受到那个人的左右。所以要想和别人保持很好的关系,那就不要对人太好。如果你想做好人,做大好人,那么你会无限地为别人着想以便于给别人温暖,但是你在温暖别人的同时也刺伤了自己。

在社会中,你可以关照到他们的利益。但是如果你不想让别人欠你人情的话,那么,你就不要过多地为别人的利益着想,因为他自己的利益,他自己会尽心尽力地去争取,同时还要学会争取别人的理解,这样会有更多的朋友。

有的人过分小心,无论受到什么不公正的待遇,都憋在心里,不愿意告诉别人。这种人把社会想象得过分险恶。其实将自己的想法和委屈告诉别人是没有多少问题的,关键是你要使用一些手段。不要向别人抱怨什么,但是你可以用很多手段向别人说明自己的处境艰难。你可以让所有的人都看见,这样别人就会自然感觉到难度很大。

有两家银行,一家银行是采用比较先进的机器,平均每个客户的等待时间只需要10分钟,银行里面的员工有条不紊地在工作。而另一家银行由于设备比较陈旧,平均每个客户的等待时间需要15分钟。第二家银行的负责人想出了一个很好的办法,他让所有的员工都跑动起来,而且时常提醒顾客还需要多长时间的等待。这个时间往往比真实等待的时间要长，因此几乎所有顾客都觉得第二家银行的效率比第一家的高。

正是这种让别人看到自己在努力的办法才能博得别人的信任。在社会中生存也同样可以采用这种方法。这种方法并不是虚伪的表现，而是一种手段，一种做人做事的手段。

在社会中，不要总是老好人的表现，那样会让人觉得很不可思议。也不要总是一副笑脸，人们会觉得这个人很虚伪，即使你是真的很真诚地对待别人。

巧妙地运用做人的手段，不但做成了事，也没有失去做人的原则，对人对己都有利，可以说是一举两得、皆大欢喜的事。做人本性善良、仁厚，有菩萨心肠，但在做人的方式和手段上则绝对高明，做起事来利人利己，大家都称道，这种做人方式是值得提倡的。讲究手段并不是贬义，而是一种策略。策略要讲究效用，而不是讲究冠冕堂皇。

第 3 章

不好意思说"不",别人就对你说"不"

不好意思说"不",时间白费

"不"一向被认为是很生硬的一个词,好像即使你想说"不"也要改成"恐怕""大概"才显得礼貌。其实,在一定情况下,大胆地说"不"才是一种明智的选择。

生活是一场和时间、活动以及责任的战斗。说"不"可以有效保护你的时间不会被浪费,还可以避免陷入想取悦而又不能取悦每一个人(包括你自己)的困境。

张艺宁是个温柔大方又善解人意的女孩。虽然长得不算漂亮,但她浑身散发着一种亲切感,因此无论走到哪里,她都有一群很要好的朋友。张艺宁的这种性格决定了她在朋友之间属于"绝对称职"的倾听者,很多人都喜欢把个人的快乐、忧伤向她倾诉。

能成为别人倾诉的对象,本来是件好事,张艺宁也非常看重朋友、同事们的信任,因此无论是谁、在什么时候找自己聊天谈心,她都尽可能放下手中的事情去帮助朋友、同事解决问题,俨然成了朋友眼中的"心理咨询专家"。

然而，时间一长，张艺宁却发现自己已经陷入一种恶性循环。

最初，朋友之间的聊天、沟通仅限于中午吃饭时间，或下班后一起逛街购物的时间。不过，随着交往的加深，大家聊天的时间就变得不固定了，有时即使是工作时间，她的那些友人也要通过QQ、MSN之类的聊天工具东聊西扯。当然，每次有这种讨论，绝对少不了张艺宁的份。即使她手头工作很忙，别人也要把她扯进聊天讨论组。

女人之间的聊天，往往会围绕一个话题讨论很久，张艺宁发现，一旦自己卷入其中，就会荒废很多工作时间。为了找个借口不参与闲聊，她便在自己的办公桌上堆满了厚厚的文件夹，然后尽可能将自己埋首其中。但是那些八卦同事却视而不见，继续让张艺宁当陪聊。而每当遇到这种状况，张艺宁也不好意思开口说"不"，只好无奈地一边耐着性子搭讪，一边盘算着如此繁重的工作又得让自己加班加到什么时候。

如果说聊天的内容正常一些，张艺宁可能还可以忍受。只不过，在她比较亲密的这几个朋友当中，晓俊每天就只知道数落自己的男朋友，甚至还怀疑他脚踏两只船；周霞则每天抱怨单位待遇不好；芳芳更惨，今天哽咽地说自己失恋了，需要有人安慰，明天又兴高采烈地说自己与男友复合了……每次聊天结束之后，朋友们的苦闷是得到宣泄了，可是张艺宁却身心惧疲——工作一大堆，还要听她们发牢骚，并安慰她们。

但是，更令张艺宁意想不到的是，随着时间流逝，她发现自己似乎也在悄悄地改变——每天一上班就会不由自主地想起周霞的抱怨。于是，自己的工作热情瞬间就冷却了。看到上司，本来想过去打个招呼，耳边却突然响起同事曾经说过的上司的一些坏话，和上司聊天沟通的冲动也瞬间消失殆尽。听多了朋友抱怨男友的话，张艺宁也会不自觉地想：老公在外面会不会也拈花惹草？于是回到家中，常常对老公旁敲侧击或正面逼供，还不时翻箱倒柜、跟踪窥探，希望找到他在外面胡搞乱来的蛛丝马迹，弄得夫妻之间嫌隙日深。张艺宁不仅在工作上耽误不少，积极性逐渐消退，还导致夫妻感情生活出现危机，生活陷入一团混乱……

有人愿意和张艺宁分享心情，这表示别人对她的信任，理当好好珍惜。但这并不意味着毫无原则地牺牲自己的宝贵时间。张艺宁的问题就出在这里——自己白天的主要任务是工作，若聊天时间太长，必然会大大降低工作效率。这种情况下，可以跟对方直说："不好意思，我正在忙，老板要我在9点之前把方案交上去，等会儿有空再跟你聊……"用适当的拒绝为自己争取工作时间，这才是正确做法。

这个案例启示我们，当他人要求你陪他做什么事情的时候，如果你觉得对其说"是"，将会导致你的时间被无谓的消耗，你就得学会对既浪费时间又没有益处的谈话说"不"。

不好意思说"不"，连累自己

生活中，有的人因为不好意思拒绝同事、朋友、亲戚的某些要求，轻易许诺帮别人办事，结果却因自己能力所限帮不了忙，连累了自己。

一般来说，不能正确看待自己的实力，不经大脑随意答应别人的求助、请托，不善于对别人的恳求说"不"，可能出现如下几点不利的影响：

（1）因为你的承诺，让别人放弃了寻求其他解决问题的途径。一旦你这里完成不了，会让整个事情陷入失控状态。

（2）做不好别人托付的事，会让对方心生怨恨，还会认为你是个不可靠的人，也是不可以信任的人，甚至会和你断绝往来。

（3）浪费了大量精力在他人身上，导致自己处理分内之事的质量下降。

（4）失信于人，对自己在周围圈子良好的社交评价造成不良影响。

总之，不懂得适当地对别人的请求说"不"，你就会面临诸多棘手的麻烦。

答应帮别人办事儿，首先看自己能不能办到，这是人人都明白的道理。可就有那么一些人因抹不开面子不自量力，对朋友请求帮助的事情一概承担下来，事情办好了什么事也没有，如果办不好或只说不做，那就是不守信用，朋友就会埋怨你。

有一个小品，说的是一位先生在火车站本来就只有一个关系一般的熟人，不知怎的有人说他能凭关系在火车票售罄后依然能买到火车票。结果有很多朋友、同事就托这位先生帮忙买火车票，他抹不开面子，碍于情面总是有求必应，答应了别人。而自己认识的熟人确实没有走后门的能耐，于是他为了保住面子，只好半夜三更去排队买票，结果托他买票的人越来越多，他把自己逼上了死胡同，有时自己往里贴钱买高价票，搞得自己狼狈不堪。这就是没有考虑自己的能力，抹不开面子而轻易地答应帮忙，票买来了，人家认为你真了不起；买不来，别人就会认为，你既能给别人买来了，为什么不给我买，是看不起我吧！于是关系渐渐疏远了，反而失去了信誉，又得罪了人，何苦呢？

如果有人开口请你为他办事，你觉得事情难办，又碍于情面不好意思拒绝别人，这时你就要讲点策略了。有的人托你办的事儿可能不符合政策，这样的事最好不要许诺，而是当面跟对方解释清楚，不要给对方留下什么念头，不然，对方会认为你不给办事儿；有的人找你办的事儿可能不违反政策，但确有难度，就必须跟朋友说明，这事难度很大，我只能试试，办成办不成很难说，你也不要抱太大希望，这样做是给自己留有余地，万一办不成，也会有个交待。

当然，对于那些举手之劳的事情，还是答应去办，但答应了后，无论如何也要去办好，不可今天答应了，明天就忘了，待朋友找你时，你会很不好看。

我们在这里强调不要碍于情面轻率地对人做出许诺，并不是一概不许诺，而是要三思而后行。尽量不说"这事没问题，包在我身上了"之类的话，给自己留一点余地。不好意思拒绝，轻易承诺别人，只会是一条勒紧自己脖子的绳索。

不好意思说"不"，委屈自己

玲玲听小郑说他一个朋友刚买回一台刻录机，便让小郑帮她刻一张碟。小郑觉得自己和那朋友关系一般，但是又不好意思对玲玲说"不"。所以，就勉勉强强地答应下来。还好，小郑跟朋友一说，朋友也很爽快地答应。第二天，小郑把玲玲抄给他的歌名给了那朋友，那朋友一看，说太少了，可以多刻几首。让小郑多抄几首下来。

不一会儿，有朋友问小郑："你是不是结婚啊？"小郑惊愕："啊？怎么这么说？"朋友们说："你刚才给人家那红色的东西是不是请帖？"小郑才明白无意中给大家开了一个玩笑。玲玲叫他抄歌名的时候，一时找不到纸，就把过春节公司发的红包拆开，物尽所用。第二天，小郑又增加了几首歌名。但给那朋友的时候，朋友却说这几天都有事，不能刻。

小郑听完后很是郁闷，刻张碟几分钟就能搞定，难不成忙得抽出几分钟的时间都没有吗？不过也没办法，刻不刻是人家的自由，小郑心想，怪只能怪自己和人家的交往不是很深，或者也只是表面的。最后，小郑在外面刻的，花了10块钱。当把碟送到玲玲手上的时候，玲玲居然埋怨道："你办事好慢半拍啊，我等不及，已经自己刻了一盘！"小郑为此郁闷了很长一段时间。

由此可见，担心别人受伤而不好意思说"不"，有时只会委屈了自己，甚至费力不讨好。再有，不要总是主观认为别人力量弱小，需要保护。有时候，诚实地拒绝其实是在肯定他们的能力——自己有能力进行自我保护。而当你拒绝后，说不定你会发现双方实现了双赢，彼此找到更适合各自的生活方式、生存能力以及人生的另一半等。

因此在接到别人突如其来的帮忙请求时，你应当思考这几个问题：

（1）自己手头待处理的事情是否已经圆满完成？

（2）帮忙的内容是否在自己能力范围之内？

（3）帮忙的时间是否会占用预期的空闲时间？

（4）如果自己因为特殊情况无法完成，对方是否有其他选择？

（5）帮忙完之后，会不会因为后续维护等问题耗费自己大量时间和精力？

你必须考虑清楚这些问题，才能选择自己的答案。如果经过思考之后，发现这些问题的答案都不利于你去帮这个忙，那就别犹豫了，直接告诉对方："对不起，我现在没空，你的忙，我实在是帮不上！"如果你觉得彼此关系很好，这些拒绝的话很难启齿，那么不妨告诉他：你现在正在忙，等回头有空了再帮他处理。也许到时候他自己就已经把事情搞定了。

不好意思说"不"，独吞苦水

在生活中，处处需要说"不"。

比如，双休日你正在家休息，保险推销员打来电话，说什么"给您介绍一款颇受大众青睐的保险品种"，软磨硬泡地就是不肯挂电话；门铃突然响了，是某家电器公司的推销员，向你介绍一款最新产品，是如何物美价廉；你本来手头就有点紧张，却有朋友对你说："××要结婚了，我们去祝贺一下吧""××刚生了个儿子，我们去看看吧"；当你正在办公室全神贯注地干活，来了一位工作刚告一段落的同事对你说："休息一下呗，自己折腾得那么累干什么。"刚刚应付完这位同事，你的MSN上又冒出一位对你发牢骚的同事……

如果你对他们都热情地奉陪到底，这半天就泡汤了，什么事都做不成了。

关于人际之间的沟通方式，确实会让人惆怅不已。过分憨直可能会得罪人，过分顺从则让自己陷入困境。我们必须改变这种状况，最重要的行动就是恰如其分地说"不"。心理学家指出，判断一个人在社会交往中的心理成熟度，要看他能否自如地对别人说"不"，能否主动要求别人帮助自己，能否承受别人的拒绝。

老王是个热心肠人，谁家有什么急事，他总能热情相助，从不说"不"。可最近却为一事犯难：乡下亲戚进城做生意缺钱，老王帮他到银行贷了款。但这个亲戚生意没做好，银行贷款无法及时还上。他白天去找亲戚讨钱没讨着，晚上回来还得"享受"

老伴的抱怨。

廖凯是个品学兼优的三好生,鹤立鸡群的感觉既让他感到荣耀,又使他有一种孤独感。有一天,班上一个同学主动同他套近乎,说是让他见识见识。先是带他到网吧,下饭馆,后来还到浴城接受了一次异性按摩。尽管他开始从心底非常抵触,但碍于同学情面最终还是接受了。一而再,再而三,一个三好生慢慢走向了堕落。

碍于情面,不会说"不",让老王处于无限的尴尬,廖凯则走上了歧途。但世上仍有许多人,在关键时刻拉不下情面,不知道或者不会说一声"不",这乃是人际交往中的一种误区。能够有效说"不"和能够接受被拒绝,都是需要自信和勇气的。不会拒绝,也不能自如地提出要求,又怕被别人拒绝的心理状态,在心理学上称为"被拒敏感"。这类人的人际关系看起来的确不错,他们总是热心助人,口碑好,别人喜欢找他"麻烦",但是,往往自己独吞苦水。

不会说"不"的人,往往使自己陷入被动的人际关系中而疲于奔命。上述事例中的主人公便是典型的写照。毋庸置疑,在人际交往过程中,帮助别人是一种良好的行为,尤其是主动帮忙更会受到欢迎。但是,如果你是被某种心理的压力所迫,对一切都点头接受,实际上是在屈服,给自己招麻烦。要想心顺气平地游走于社交网络之中,就必须从这种焦虑的泥潭中挣脱出来。

事实上,对待别人的不合理请求,你大可这么说:"非常抱歉啊,今天是我近来最忙的一天,再累都不敢休息。因为有一大堆活儿还等着我处理呢。"稍有自知之明者,顿时就会了解你的意思。

善于说"不",学会拒绝他人的无理要求,是社会交往的秘诀,是让自己摆脱一切外界干扰的重要技巧,是人成为社会人的必修课。

不好意思说"不",自设障碍

面对上司布置的任务、客户的要求、同事的请托以及工作中的任何突发状况,很多人选择了默默承受。他们认为如果自己选择反抗或拒绝,就可能遭遇一连串的麻烦:上司的不满、客户的投诉、同事的抱怨……天啊!如果仅仅只是因为一个"不"字,就要让自己面对如此难堪的局面,似乎不太划算。

于是,为了维护自己的人脉,为了提升自己在同事间的口碑,为了让自己在工作上少一些障碍……在面对各式各样的请托和要求时,不得已选择了接受。殊不知,在该说"不"时不说不,会自设障碍,阻挡自己前进的步伐。

霍小峰和康志伟大学毕业后同时进入M通信公司实习,这家公司可以说是全球无线通信行业的霸主,几乎在世界各地都有它的制造厂。能够进入M公司,是莘莘学子的梦想,因此霍小峰和康志伟两人都十分重视这次的实习机会,因为按照惯例,这家公司会从每一批实习的人员之中选择最优秀的一位留下来。

在进入M公司之前,康志伟便积极地准备。他觉得想要留在M公司,上司的推荐和同事的口碑应该十分重要,只要能够"笼络人心",那么优胜者就非自己莫属。因此,在进入M公司之后,他凡事都显得特别积极,诸如帮同事跑腿、帮经理助理打印……忙得不亦乐乎。大家见这小伙子那么热心,便也逐渐不客气了:甲让他帮自己带早餐、乙请他帮忙接孩子……哪怕这些是与工作毫不相干的事情,康志伟全都接受,毫无怨言。

而霍小峰却截然相反,有人请他帮忙的时候,他似乎总以自己的事情还没做完为借口推托,渐渐地,请他帮忙的人越来越少。因此,大家对康志伟的评价越来越高。

3个月的实习时间很快结束了,转眼就到了宣布最终结果的时候。看着被叫进经理办公室的霍小峰,康志伟暗自欣喜:"谁教你不注意人际关系,只顾着埋头做事。能留下来的人一定是我。"

半个小时后,霍小峰从经理办公室走出来,带着平静的表情开始收拾自己桌上的东西。康志伟正准备上前安慰他一下,却猛然发现情况似乎有些不对劲。原来，霍小峰在收拾完自己的东西之后，并没有离开，而是把这些东西放在另一张配有电脑的办公桌上，而那张桌子，正是为留下来的那个人所准备的。

就在康志伟愣神的时候，有人拍了拍他的肩膀，示意他到经理办公室去一趟。怀着惴惴不安的心情，他来到经理面前。

"康志伟，这3个月来，你的表现大家都看在眼里。你很热心，同事对你的口碑很好。说实话，站在朋友的立场，我很想留你下来。可是，站在公司的角度考虑，我们需要的是能在工作上做出成绩的人。在这段时间里，我很遗憾地看到你的主要精力并没有放在本职工作上。所以，我只能祝福你在新的公司一切顺利……"

被同事"接纳"，对职场人士来说固然重要，但这并不意味着在任何情景中都不能说"不"。事实上，根据实际情况，适当地对周遭的人说"不"，将更有助于自己顺利地完成本职工作，正如霍小峰那样，善于分辨什么是自己应该做的，拒绝那些对自己不利的干扰，这才是想成就卓越之人所应具备的正确态度！

别让不好意思说"不"害了你

在服装店，你在挑选一件衬衣，样式和做工都令人满意，在价钱上你却觉得不够理想,但看到售货员的热情服务,使你不好意思不买它。售货员就是利用你的这种心理,越是看到你在犹豫,就服务得越热情越周到,帮你量好尺寸、试大小,甚至动手包装好,放进你的购物袋里,造成既成事实。

初次交女朋友,你也许会感到左右为难,因为她的长相实在让人爱不起来,但是,由于是你的上司介绍的,或者是上司的女儿,让你在回绝上产生了犹豫,虽然每次会面都使你感到不舒服、不愉快,恨不得马上逃得远远的,但你一想到姑娘的身份,上司的威严,你就不得不仔细斟酌。姑娘却对你一见倾心,脉脉温情,你的上司也觉得好事可成。随着时间的推移,你一再丧失回绝的机会,勉强从事,这样的婚姻是不会幸福的。

不知生活中有多少人因为不好意思说出那个"不"字,而买了不称心的衬衫,娶了自己不喜欢的姑娘,答应了自己办不到的事情,耽误了自己不应该耽误的约会。

很多人在想要回绝对方的时候,会产生一种不好意思的心理,不好意思开口说"不"。

这种心理阻碍了人们把回绝的话说出口。由于这种矛盾的心情,态度上就不那么热心,说话吞吞吐吐,欲言又止欲藏又露。在这种心理的制约下,最终往往是依照对方的意图行事。即使回绝了对方,其态度也容易使对方产生误解,认为你成心拿架子,不够朋友。

因此，要想使自己在工作和社会交往中，不致惹出许多麻烦，首先要克服这种"不好意思"的心理障碍。

国外研究拒绝艺术的专家强调，要建立这样一种意识："你有权利说'不'，你不必因为对人回绝了一件事而感到不好意思。"这样，你在回绝时就会心情坦然、举止大方、态度明朗，避免被误解和猜疑。即使对方开始会对你的回绝产生一点失望和遗憾，但由于你的态度表情向对方表明你是坦诚的，使对方受到感染，容易弱化对方心中的不快。如果你自己都觉得回绝不应该，心里发虚，那么你的态度表情就会迟疑不决，对方也会觉得你回绝的理由是不可信的。

该说"不"时说"不"，皆大欢喜

在现实生活中，人们都不大喜欢别人对自己说"不"，这是人之常情，是可以理解的。但这并不意味着我们要去一味曲意逢迎他人。如果对方是英明之人，你在应该说"不"的时候说"不"，往往会产生一种皆大欢喜的局面。

刘毅是西晋时的司隶校尉，生性刚毅，不管是太子、皇戚，还是皇帝本人,只要有过失,他都敢于说"不"。

晋武帝司马炎统一天下后,生活更加奢侈腐化。首先,他为祖宗修建了一座富丽堂皇的太庙,后又大兴土木,为自己修建了一座豪华的宫殿。本来后宫已经有好几千名美女,但是还不满足,又下令让人搜罗美女5000多名,专供他玩乐。晋武帝整天过着荒淫无耻、纵情享受的生活。

晋武帝除了向老百姓横征暴敛、搜刮钱财以外,还学东汉时期汉桓帝、汉灵帝的办法,公开标价卖官。有钱的人只要花一笔钱,就可以买到一个官做。花钱少买小官做,花钱多买大官做。不过桓帝、灵帝卖官所得的钱都归国库,而晋武帝卖官所得的钱却供他个人挥霍浪费。晋武帝这样腐败,许多大臣看在眼里,可是畏于皇帝的权势,不敢吭声。刘毅任司隶校尉,常跟随晋武帝参加一些活动。

太康三年正月初一,晋武帝率领百官到南郊祭天,刘毅也跟随前往。祭祀完毕,晋武帝忽然慨叹一声,问站在身帝的刘毅:"我可以比得上汉朝的哪一个皇帝?"刘毅不假思索,便直截了当地回答说:"我看陛下跟东汉的桓、灵二帝差不多。"汉桓帝和汉灵帝是东汉时期两个最贪淫的皇帝。晋武帝满心希望刘毅把他比做汉高祖和汉武帝,因此很不高兴地说:"哪儿至于这样呢?我虽比不上古代的圣人,可是我平定了东吴,统一了天下,一心想做个贤明的君主,你这样比,未免太过分了吧?"

刘毅毫不客气地答道:"汉桓帝和汉灵帝卖官爵所得的钱都交入国库,而陛下你卖官爵所得的钱却装进自己的私库,从这一点讲,我看还比不上汉桓帝和汉灵帝呢!"晋武帝闻听此言,再无话反驳,只得自我解嘲地说:"桓、灵二帝在世时,他们听不到这样的话,现在我有这样正直敢言的大臣,能够当面听到这样尖锐的批评。由此可见,我同桓、灵二帝是不同的。"史料记载,刘毅在对"上司"的言行举止说"不"之后,依然得到不断晋升,以至于后来晋武帝还"赐钱三十万,月给米肉"来奖赏刘毅。

不难看出,对于他人的行为举止、态度或建议不予认同的时候,要敢于把"不"说出口,别总是担心拒绝他人以后会给"小鞋"穿等。记住,对他人有帮助地说"不",可以达到一种皆大欢喜的目的。更通俗地说,你虽然拒绝了对方,但却在其他方面为其提供了一些帮助,这是一种慈悲而有智能的拒绝。

该说"不"时说"不",化解争端

当该说"不"的时候,旁敲侧击地拒绝对方,让对方明白你的意思和感受,既不至于你说你的,他说他的,喋喋不休,最后依然说不清楚，又可以将争端化解于无形。这方面，我们可以看一看国画大师张大千是如何处理的。

张大千留有一把长胡子，在一次吃饭时，一位朋友以他的长胡子为理由，连连不断地开玩笑，甚至消遣他。张大千心里虽然不是很痛快，却不慌不忙地说："我也奉献给诸位一个有关胡子的故事。"

众人表示愿闻其详，张大千慢腾腾地说道："话说刘备在关羽、张飞两弟亡故后，特意兴师伐吴为弟报仇雪恨。关羽之子关兴与张飞之子张苞复仇心切，争做先锋。为公平起见，刘备说：'你们分别讲述父亲的战功，谁讲得多，谁就当先锋。'张苞抢先发话：'先父喝断长板桥，夜战马超，智取瓦口，义释严颜。'关兴口吃，但也不甘落后，说：'先父须长数尺，献帝当面称为美髯公，所以先锋一职理当归我。'这时，关公立于云端，听完禁不住大骂道：'不肖子，为父当年斩颜良，诛文丑，过五关，斩六将，单刀赴会，这些光荣的战绩都不讲，光讲你老子的一口胡子又有何用？'"

听完张大千讲的这个故事，众人默不作声，从此再也不扯胡子的事了。

朋友以张大千的胡子开玩笑，甚至开得有些过头，张大千想制止对方，可是如果轻描淡写地说的话，恐怕对方会不以为然，还会伤了朋友之间的和气。张大千通过故事旁敲侧击,暗示对方:"你们拿我的胡子开玩笑,我已经忍了很长时间了,再这么着,我可就不高兴了。到时候可别怪我翻脸无情哦。"众人自然知趣,不再提这个话题了。

其实,旁敲侧击对对方说"不"化解争端于无形的案例,古已有之。三国时期,气候干旱,刘备下令禁止百姓私下酿酒。一天,官吏在民家搜出酿酒的器具,准备定罪处罚。简雍与刘备出游,看见一对男女在路上行走,于是对刘备说:"他们准备通奸,为什么不拘押起来?"刘备说:"凭什么说他们会如此?"简雍一脸正经地回答:"他们各有可以通奸的器官,与要酿酒的人情形相同。"刘备听了大笑,就释放了因有酿具而被拘的人。

拒绝是一门重要的语言艺术,拒绝的最高境界是让你和对方都不至于陷入尴尬或剑拔弩张、干戈相向的境地。只要运用得当,拒绝行为不仅不会把你的朋友、上司等推向你的对立面,反而会使你赢得更多的尊重。

该说"不"时说"不",扭转局面

在人际交往过程中,当你对他人的想法、意见或举止持否定态度的时候，不妨大声说出你的"不"。要知道，机会与风险向来是如影随形。有时候，不敢冒险就是最大的风险。该说"不"时说"不"，虽然有恶化交情与人际关系的风险，甚至得付出健康和生命的代价，但别忘了，这样也会扭转局面，摘取硕果。

春秋时期，吴王准备攻打楚国，他知道这个计划会遭到很多大臣们的反对，于是对左右的人说："谁要是对我攻打楚国发表反对意见，我就让他去死。"因此很多大臣都不敢来指出这个计划的错误。攻打楚国会给吴国带来很大危害，吴王的宫廷近侍少孺子（即少年）是这样对吴王的决定说"不"的。

一天，吴王早起时发现少孺子浑身湿漉漉的，就问他是怎么回事。少孺子说："我带了弹弓，在后花园闲逛，想打些飞鸟。突然我发现了一件让我不能忘怀的事情：一只蝉在树上凄厉地鸣叫，喝着露水。蝉不知道有一只螳螂正在它的下方悄悄地向上爬，正想把它作为自己的早餐呢！那螳螂伏曲着身子，张着足爪，沿着浓密的枝条，一步一步地接近了蝉。可螳螂哪里知道，这时有一只黄雀正藏在不远的一根树枝上，正要展翅飞来啄那只螳螂！黄雀伸着脖子以为很快就可以将螳螂吃到嘴里，哪里会想到这时我正用弹弓瞄准它，它也完蛋了！这三个小东西，都是只顾前，不顾后，它们的处境真是太危险了！而我呢，则因为看到这么精彩的场面，时间久了，让露水把衣服都沾湿了！"吴王听了少孺子的话，心中猛然警醒，同时也明白了少孺子的一番良苦用心，于是决定放弃攻楚的计划。

少孺子鉴于吴王的威严和其下的命令，不能直接说"不"，于是连用三种动物，比喻其做事只图眼前利益，不知祸害就在后面，从而使吴王醒悟并接受了他的劝谏。少孺子将拒绝意见寓于故事中，成功使吴王撤销了伐楚的军事行动，扭转了时局。

当然，说"不"要想取得如上效果，离不开个人对局面的准确分析，离不开个人将荣辱置之度外的魄力，更离不开勇于接受权势挑战的冒险精神。在该说"不"的时候，战胜恐惧与怯弱心理，大无畏地表示拒绝吧。只要注重说"不"的策略，等待你的将是一幅美好的人生画卷。

该说"不"时说"不"，掌握主动权

该说"不"时说"不"，敢于和善于拒绝他人，你就掌握了生活的主动权，就学会了生活，你就会显得更加轻松自如。既不担心与人接近，又不害怕与人争辩，你的行为完全超乎自然，有多少能力就表现多少。这种自我维护的改变，能够使你有更多的时间专心于做自己该做的事，也使他人能够意识到你的权利，真正理解并尊重你,从而享受惬意与幸福的随性人生。

中国当代文坛巨匠巴金先生在其代表作《家》当中,塑造了这样一个角色:高觉新。高觉新本应是个顶天立地的好男儿,却因为不懂说"不"而成为"无抵抗主义者"。

高觉新虽然心中万般不愿,可是却每天陪着家中那些无所事事的女人打牌,不懂拒绝;长辈们有什么不高兴的,也总是拿高觉新来发泄,因为高觉新绝对不会反抗;深爱的恋人家里因为鸡毛蒜皮之事而拒绝两人的婚事,高觉新也只有懦弱地答应,甚至最后连自己的老婆临盆,被长辈逼迫到设备简陋的诊所生产,且不让他进产房探望,他也没有反抗,结果妻子惨死,高觉新也背负了一辈子的愧疚与悔恨。

虽然高觉新只是小说虚构的人物,但在现实生活中,像他这样不懂说"不"的人屡见不鲜。为了保护你的精神幸福,为了不重蹈高觉新的覆辙,鼓起勇气将"不"脱口而出吧。

如果高觉新扛起"不"字大旗,那么他可以将打牌的时间用于做更有意义、更有价值的事情;如果高觉新扛起"不"字大旗,就不会三天两头忍受长辈的无端指责,给自己造成心理压力;如果高觉新扛起"不"字大旗,就能够坚持婚事,与心爱的人结合;如果高觉新扛起"不"字大旗,他当然能够让妻子在设备较佳的医院生产,最后有一个幸福美满的家庭。如果高觉新懂得拒绝，命运可能完全改变！难道不是吗？

高觉新的悲剧告诉我们的道理是，违背自己的心意，一味忍让和迁就别人，并不能让自己获得幸福。在面临原则问题的时候，只有坚持自己的正确观点，拒绝一切无理的要求，才能维护尊严，保护应得的利益，掌控自己的生活。

有一次，一位读过《围城》的美国女士到中国来，打电话给该书的作者钱钟书先生，说自己很想拜见他。钱钟书先生一向淡泊名利，不爱慕虚荣，于是他就在电话中婉拒道："假如你吃了一个鸡蛋觉得不错的话，又何必一定要见那个下蛋的母鸡呢！"在此，钱先生以其特有的幽默和机智，运用新颖、别致而又生动、形象的比喻，拒绝了那位美国女士的请求，既维护了那位女士的自尊，又避免了不必要的麻烦。

在交际中，我们需要对那些与自己的价值观和信仰不一致、妨碍自己的工作和生活的人说"不"。这样我们才能有时间和精力安排自己的工作和生活，掌握人生的主动权。

第4章
快速建立相互尊重、相互信任的关系

初次见面如何消除生疏感

初次见面,交际双方都希望尽快消除生疏感,缩短相互间的感情距离,建立融洽的关系,同时给对方一个良好的印象。那么,怎样才能通过交谈较好地做到这一点呢?

1. 通过关系来拉近距离

由于较为亲密的关系会给人一种温馨的感觉,使交际双方易于建立信任感,特别是突然得知面前的陌生人与自己有某种关系时,更有一种惊喜的感觉。故而,若得知对方有某种社会关系或熟人关系,寒暄之后,不妨直接讲出,这样很容易拉近两人的距离,使人一见如故。

2. 以感谢的方式来加强感情

有一位商务人士在参加一次会议时,跟一位接待者接触时的头一句话就是:"刚进入会场时你给我倒了一杯茶。""是吗?"那位接待者惊喜地说。接着两人的话题就打开了,气氛顿时也热烈了许多。那个接待者的确接待过许多人,不过会议之初人多事杂，他也记不得了。而这个新来的商务人士则恰到好处地点出了这点，给对方很大的惊喜，也使两人的关系拉近了一层。

一般说来，每个人都对自己无意识中给别人很大的帮助感到高兴，见面时若能不失时机地点出，无疑能引起对方的极大兴趣。因此，初次见到曾帮过自己的人时，不妨当面讲出，一方面向对方表示了谢意，另一方面在无形中也加深了两人的感情。

3. 从对方的外貌谈起

每个人都对自己的相貌或多或少感兴趣，恰当地从外貌谈起就是一种很不错的交际方式。有个善于交际的人在认识一个不喜言谈的新朋友时，很巧妙地把话题引向这个新朋友的相貌上。

"你太像我的一个表兄了，刚才差点把你当做他，你们俩都高个头、白净脸，有一种沉稳之气……穿的衣服也太像了，深蓝色的西服……我真有点分不出你们俩了。""真的？"这个新朋友闪着惊喜的眼神。当然，他们的话匣子都打开了。

我们不得不佩服这个人谈话的灵活性。他把对方和自己表兄并提，无形中就缩短了两人之间的距离，接着在叙说两人相貌时，又巧妙地给对方以很大的赞扬，因而使这个不喜言谈的新朋友也动了心，愿意与其倾心交谈。

5秒钟，记住对方也让对方记住你

5秒钟！你给他人留下良好第一印象的所有时间。5秒钟之内，你要进行自我介绍并记住他人的名字。5秒钟！有更快地开始一桩成功的生意或社交关系的方式吗？在这5秒钟的时候里，我们最重要的是记住他人的名字。当你记住他人的名字，人们会很高兴。当你记住一个你最近见过人的名字时，常会让他觉得他很重要、很特别。这样，交谈起来就会减少很多障碍，增添更多的温暖和默契。记住了对方的名字，同时也表明你是认真地听他人说话，在乎他人的行为，有了这份默契，与陌生人交流也就少了一些隔阂。

但是，有多少次在你和见过的人交谈时，你既能记得又能想起他的名字呢？

有的时候，你在朋友和熟人间相互介绍时，突然之间还会想不起某某的名字，或者在一个聚会上，他人向你做了介绍，但是一转身，你就不知道他是张三还是李四了。遇到这种情况会让你觉得很尴尬，从而你就会有意去疏远一些你认识的或刚刚认识的人，因为你可能会忘记他们的名字而使他们感到不高兴。

那么为什么会忘记别人的名字呢？多数情况下，忘记别人的名字是因为我们没有集中注意力听他们的自我介绍，所以在第一次遇到的地方你没有听到他们的名字。你可能正在忙于考虑接下来应该要说些什么，或者在担忧他人会怎么看待你。这种起反作用的自言自语的声音就像这样："打招呼后，我要说什么呢？""我的发型好看吗？""我不想太往前走。""我希望能给对方留下一个好印象。"……

其他的时候，比如嘈杂的音乐或人们的交谈，也会使你错过听到他人名字的机会。但是，缺乏兴趣是没有听到他人名字的最糟糕的原因。如果你对自己说，"我可能再也不会见到这个人了，所以我没有必要记住他的名字"，那么你已经准备好进行一段杂乱的、冷淡的、简短的谈话了。

因此，在5秒内要想成功记住他人姓名，以下5个策略可以帮助你：

第1秒，集中注意力听他人介绍。

第2秒，不要考虑说什么，注意听对方的名字。

第3秒，大声重复听到的名字。

第4秒，想想在你认识的人中有没有同名的。

第5秒，在交谈过程中和结束时称呼他的名字。

让一面之交变成莫逆之交

每天在汽车上,在电梯内,在行走中,当我们开口与擦肩而过的人们谈话时,你是否意识到你们的友谊可能就在此时开始产生呢?这种体验也许你也曾经有过吧。

毫无疑问,沟通的最好形式就是语言。通过语言可以表达我们的善意,可以激发对方的好感。当你说话时,如果能使对方谈他感兴趣的事情,就表示你已经很巧妙地吸引了对方。此时,我们再以问答的方式诱导对方谈论他个人的生活习惯、经验、愿望、兴趣等问题。

对方如果对你的问题有兴趣,自然乐意叙述自己的一切,而你不就成了他的听众了吗?对方会因为你那关怀备至的态度而开怀畅谈,甚至会因此对你表示出崇敬之意。

就拿你个人来说吧,如果有人肯接纳你,听你阐述你的人生观,或向你请教有关的专业问题,你就会对他表示好感,这就是所谓的人之常情。只有善于利用这种人之常情的人,才算得上是一个聪明的人。

例如,你若想深入地了解某一个人,不妨以目前的政治情况、工业界的状况及他所驾驶的汽车厂牌、现在的交通状况、高速公路的路况、目前的所得税率、食品价格等问题来和他交谈。换而言之，也就是让对方开口谈论他所关心的话题，而你的责任就是负责提出这一类的问题。

仅仅一面之交，就想与对方成为亲密朋友的最好方法，就是跟对方交谈。我们知道，一个人最愿意谈论的，而且也是最关心的话题，莫过于他个人的一切事情。只要你肯花一点时间，让对方畅所欲言地叙述他自己的事情，那么，他就有可能成为你的莫逆之交。

美国纽约市凤凰人际关系协会的专家学者哈利·N.赫歇尔先生曾说过：他在日常生活中，觉得最感兴趣，也是最有意义的一件事就是跟别人交谈。为此，他细述道："常常有人来向我请教，问我如何与在吃午餐时所碰到的，或是在旅馆门口以及旅行车上遇到的人说话。我对他们说，在双方互通一些例行的客套话之后，可以客气地问对方：'请恕冒昧，可以问你从事哪一种职业吗？'如果对方乐意回答，便可以进一步地问他：'可以告诉我，究竟是什么原因促使你从事这种职业呢？'关于这个问题，十有八九的人都会回答：'唉！说来话长……'这么一来，我们不就很自然地成了他的听众了吗？而对方因为有人听他讲话，自然会侃侃而谈了。"

先尊重别人，再要求别人尊重

在物理学上，力的作用是相互的，同样，在社交中，人与人之间的尊重也是相互的。从小无论是父母还是老师都叮嘱我们，要想获得别人的尊重，首先就要尊重别人。现代社会处在一个生活节奏空前快捷的时代，人们的生活、工作、学习在讲究质量的同时，更追求效率。因而，人们的言行更直接、更简洁了。与此同时，人们在交往中希望得到尊重，得到重视的渴望更加强烈了。

在人际交往中，这一点更是重要。试想一下，在我们面对一个陌生人时，我们态度谦虚、说话诚恳，那么，对方没有理由不尊重我们。

如果我们想得到他人的赞扬，让别人承认我们的优点，处处受人欢迎，那么我们就要学会尊重他人的优点，努力使人感受到被尊重的快乐。

有一个年轻人应邀去参加一个盛大的舞会，可是年轻人却显得心事重重。一位年长的女士邀请他共舞一曲，随着欢快的舞曲，年轻人也变得开朗起来。

一曲结束，年轻人对年长的女士给予由衷的赞美，对她的舞技大加赞赏。年长的女士听到有人这么欣赏她的舞技，显得很开心。出于好奇，女士忍不住询问年轻人刚开始时，为何愁眉不展。

年轻人讲出了缘由，原来年轻人是一家运输公司的老板，可是由于自然灾害的原因，他的公司遭受了很大的损失，已经接近破产的边缘。年轻人已经没有多余的资金维持公司的周转了，即使想翻身也没有机会。

事有凑巧，年长女士的丈夫是当地一家大银行的行长，女士很爽快地把年轻人介绍给了她的丈夫，她的丈夫随即找人对年轻人的公司进行了分析和调查，给他贷款100万，帮助年轻人渡过了难关，解了燃眉之急。

每个人都希望在人前保持一种高人一等的优越感。所以，在与人交往之时，有必要让对方明白，你承认他的优势并肯定他的存在，并且真诚地承认和肯定——这是打开对方心扉的钥匙。

在与人交往时，我们要做到尊重对方，应从以下几方面入手。

首先，从内心要有尊重他人的基本认识。现实中人确有职业、身份高低之分，但不存在人格贵贱之别。要善于根据时间、地点的变化及角色转变，做好每个角色应该做的。还要根据对方的年龄、身份等因素转变语气、语速、话题，表现出对人的尊重。

其次，从外在言行礼仪中表现对他人的尊重。在与人交往的态度上，要特别注意我们的举手投足，要从细节上让对方敏感的神经因我们的善意而放松，比如注意倾听、谦虚礼貌、实事求是，都属于尊重别人的表现。

在交往中采取什么样的态度，完全能够体现我们对别人的尊重程度。在外表上，当然要注意和场合搭配，特别是要穿着得体、整洁、干练。这不仅能够体现良好的个人修养，同时也是向对方传递一种友好、善意、尊重的信号。穿着一身得体的礼服，再加上适宜的微笑，可以想象得到，在任何场合对方都会感觉到我们带来的"扑面春风"般的友好；反之，蓬头垢面、不修边幅、轻佻之举都是不尊重人的表现。

再次，在小细节方面展示我们的尊重。守时向来是有修养、有素质的人必备的良好品质。因为如果别人准时赴约，而我们却姗姗来迟，这不仅是你对他人的不礼貌和不重视，更严重的是在浪费他人的时间，耽搁他人的事情，实在是一种不尊重他人的表现。

最后，言语要得体。一个人的外在固然重要，可是更重要的是我们的言谈所表达出的素养，这是我们的特别之处。并且，在与人交往时也要特别注意言辞的把握和运用，如别人正谈得投机，我们却频繁插话；对别人忌讳的问题，我们却打破沙锅问到底等，这些都是不尊重他人的表现。同时，还应注意什么样的场合配合什么样的言语，如在朋友的结婚喜宴上应谈些喜庆的话题、吉利的话题，如果只谈些令人扫兴的话，就是不尊重对方的表现。

坦诚相待，跟谁都能交朋友

某电台"青年信箱"的播音员曾收到三位青年听众的来信，说他们听了优美动听的播音，很想见播音员一面，但知道这不可能，所以希望能得到播音员的照片。播音员理解听众的心情，说了一番既动情又恰如其分的话："三位听众朋友，首先，我非常感谢你们的好意。你们也许听过这句格言'知人知面难知心'，看来，交朋友最难的是交心。因此，能不能看到我不要紧，我最希望的是能与你们成为知心朋友！"

可以想象得到，这三位听众听后一定会喜形于色，备感亲切，虽然没有见过播音员的面，但却见到了他的真心。我们结交陌生人的目的无非是把他变成我们的朋友，而交友贵在交心，它讲究的不仅仅是表面上的情投意合，而更多的是人生道路和事业上的志同道合。所以，交友之人，一定要是真性情，真自我。这样的人才能交心至性，成为知己。

一个人可以没有财产，但他绝不可以没有朋友。拿出你的真心，与陌生人坦诚相对，他一定会被感动的，一定能与你成为朋友的。

原一平在事业开始的时候并不是很顺利。有一个朋友给他介绍了一个人，是一位建筑企业的董事长，叫渡边，朋友说如果成功的话，那个人可是个大客户。于是原一平就去拜访渡边先生。可是渡边并不愿意理会原一平，见面就给他下了逐客令。原一平并没有退缩，而是问渡边先生："渡边先生，咱们的年龄差不多，但您为什么能如此成功呢？您能告诉我吗？"

原一平提这个问题是出自真心的，所以语气非常诚恳，脸上表现出来的跟他心里想的一样，就是希望向渡边先生学习其成功的经验。面对原一平的求知渴望，渡边不好意思回绝他。于是，他就请原一平坐在自己座位的对面，把自己的经历讲述给他。没想到，这一聊就是三个小时，而原一平始终在认真地听着，并在适当时候提了一些问题，以示请教。

最后，原一平也没有提到保险方面的事情，而是对渡边先生说："我很想为您做一点事情，可不可以让我写一份有关贵建筑公司的计划？"渡边已经被这位诚心求教的人打动了，自然点头答应。

原一平为了这份计划花了不少的心思，忙了几天几夜，才把建筑公司计划书做了出来，这份计划书内容非常丰富，资料翔实，而且建议也非常有价值。

渡边先生见原一平这样真诚，很是感动，依照他的这份计划书，结合实际情况具体操作了起来，结果很令人振奋，公司业绩在3个月后就提高了30%。渡边非常高兴，把原一平当成了最好的朋友。当然，渡边的建筑公司里的所有保险，都在原一平那里下保单了！

交友重在交心，旨在相互尊重，相互理解。面对陌生人，我们不要做自欺欺人的事，你对他有没有拿出真心，对方是很容易体会得到的，千万不要弄巧成拙，把一个潜在的朋友变成永远的陌生人。

把"我的"说成"我们的"

亨利·福特二世描述令人厌烦的行为时说："一个满嘴'我'的人，一个独占'我'字，随时随地说'我'的人，是一个不受欢迎的人。"

"我"在英文中本来是个头最瘦小的字，千万不要把它变成自己语言中个头最大的字。请学学苏格拉底,不说"我想",而说"你看呢?"

在一个园艺俱乐部的聚会中,有位先生在3分钟的时间里,用了36个"我",不是说"我……",就是说"我的……""我的花园……我的篱笆……我的花木……"

结果,他的一位熟人后来走过去对他说:"真遗憾!你失去了妻子。"

"失去了妻子?"他吃了一惊,"没有!她好好的啊!"

"是吗?那么,难道她和你提到的花园一点关系都没有吗?"

一个独霸谈话,张口闭口都是"我"的人是很令人讨厌的。

《福布斯》杂志上曾登过一篇题为"良好人际关系的一剂药方"的文章,其中有几点值得借鉴:

语言中最重要的5个字是:"我以你为荣!"

语言中最重要的4个字是:"您怎么看?"

语言中最重要的3个字是:"麻烦您!"

语言中最重要的2个字是:"谢谢!"

语言中最重要的1个字是:"你!"

那么,语言中最次要的一个字是什么呢?是"我"。

农夫甲和农夫乙忙完了田里的工作,一起回家。他们走在路上，农夫甲忽然发现地上有一把斧头，就跑过去捡起那把斧头。他说："我们发现的这把斧头还挺新啊！"说完，他就想带回家占为己有。农夫乙看到这把斧头是农夫甲发现的，应该归他所有，就对农夫甲说："你刚才说错了，你不应该说'我们发现'。因为这是你先看见的，所以你应该改口说'我发现了一把斧头'才对。"

他们两个继续往前走，农夫甲的手上仍然拿着那把斧头。过了一会儿，遗失这把斧头的人走了过来，远远地看见农夫甲的手上拿着他的斧头，就匆匆忙忙地追上来，眼看对方就要追上来了。这时候农夫甲很紧张地看农夫乙一眼，然后说："怎么办？这下子我们就要被他捉到了。"

农夫乙听他这么一说，知道甲想把责任归咎到两个人的身上。于是农夫乙就很严肃地对农夫甲说："你说错了，刚才你说斧头是你发现的，现在人家追来了，你就应该说'我快被他捉到了'，而不是说'我们快被他捉到了'。"

在人际交往中，"我"字讲得太多并过分强调，会给人突出自我、标榜自我的印象，这会在对方与你之间筑起一道防线，形成障碍，影响别人对你的认同。

因此，关注人际关系的人，在语言交流中，总会避开"我"字，而用"我们"开头。

传出你手中的"球"

有时,你的谈话对象一开始不同你呼应,那也许是他有些拘束,也许是他太冷漠,或者太迟钝,或者你根本没有触及到他感兴趣的话题。

在参加"派对"之前,如果能够从主人、女主人那里打听到一些邻座客人的情况,一定会对谈话有所帮助。不过,即使如此,也未必能确保对方一定会开口打破矜持的气氛。也许在用餐时,你不得不和一位骆驼般高傲的律师同座,而你想方设法使他开口却没有办到。那你也不要灰心,接着再试一试。你提到非法越境进入美国的墨西哥人问题,他可能无动于衷,但你谈起用肺呼吸潜水,也许他就很有兴趣。或许,你还可以提起保护环境及计划生育等问题。

如果上述一切全无效,你还有最后一着棋——你可以碰翻一杯水,让水溅到他的身上。要是这样都不能让他活跃起来,使他开口说话,那么你最好另选谈话的对象吧。

有位博士曾经这么说过:"我对于世界的重要性是微乎其微的,但从另一方面来说,我对于我自己却是非常重要的,我必须和自己一起工作，一起娱乐，一起分担忧愁，一起享受快乐。"

这是完全正确的，人类总是以自我为中心的。

如果你对这个最基本的人类本性已不再感到震惊，你就会懂得如何调节自己适应谈话了。坦率地说，和对方谈他们感兴趣的话题，实际上对你自己也是有益的，尽管他们所爱好的和你所爱好的可能不尽相同。你可以先满足他的自尊心，然后再满足你自己的自尊心。

这是一种自嘲吗？

完全不是。

如果你能够谦恭诚恳地对待你的亲人和朋友，想象着他们对于你有多么重要，你就会发现他们在你生活中的意义的确不容忽视，同时，你还会发现你自己对于他们也变得越来越重要了。我们大家都期望能得到别人的赞扬，而且还会因此更加追求上进。总有一天，你会欣喜地认识到这样一个事实：任何一个看上去有缺陷、不聪明或反复无常的人，其身上都存在着一些美好的东西。心理分析专家认为：精神病患者一旦开始对别人及其自我之外的事物产生兴趣，就说明他已经进入康复阶段了。

如果说关注自我到了一定的程度就是疯狂的表现，那么，可以说没有一个人绝对正常。然而，我们越是同他人交往——给予而不是索取，那么我们就会越接近正常了。除此之外，你还会有一个收益：你越关心别人，别人也就越关心你；你越尊重别人，你也能够更多地受到别人的尊重。

如果你能够真正地对别人产生兴趣，这种兴趣会自然地溢于言表。你会和他分享甘苦，在他需要帮助的时候尽力去帮助他。你将发现别人教给你的东西要远远超过你能教给别人的。

所以，请不要犹豫，尽快传出你手中的球，让别人接住，然后再传回来。你传递的技巧越好，这场游戏就越生动有趣。

给对方送上一顿兴趣大餐

人们最感兴趣的就是谈论自己的事情，而对于那些与自己毫无相关的事情，大多数人觉得索然无味。然而，对于你所表现出最大兴趣的事情，常常不仅很难引起别人的同情，而且还会使人觉得好笑。年轻的母亲会热情地对人说："我们的宝宝会叫'妈妈'了。"她这时的心情是高兴的，可是旁人听了会和她一样地高兴吗？不一定。谁家的孩子不会叫妈妈呢？你可不要为此而大惊小怪！这是正常的事情，如果不会叫妈妈的孩子才是怪事呢。所以，在你看来是充满了喜悦，但别人不一定有同感，这是人之常情。

每个人都有自己感兴趣的事物或话题,我们不妨去迎合他的兴趣,积极主动地为他人送上"一顿美味大餐",相信总比漫无目的地乱说一通强上一百倍。

只要能让他高兴起来,还有什么是不可以的呢?使他开心的最快捷便利的方式就是说他感兴趣的话,说他爱听的话。

查利夫是卡耐基的朋友,他是一位在童子军中极为活跃的人物,他给卡耐基写了一封信:

"有一天,我觉得我需要有人帮忙,我要请美国一家大公司的经理资助我的一个童子军的旅费。

幸而在我去见这人以前,我听说他曾开了一张一百万美元的支票,而这张支票退回之后,他把它置于镜框之中。

所以我走进他办公室所做的第一件事就是谈论那张支票!我告诉他,我从未听说有人开过这样的一张支票,我要告诉我的童子军,我的确看见过一张百万美元的支票。

他很欣喜地向我出示那张支票。我表示羡慕他,并请他告诉我其中的经过情形。

结果,他不但即刻答应了我的请求,并且比我要求的还多得多。我只请他资助一个童子军赴欧洲,但他竟资助了5个童子军,并让我们在欧洲住一个星期。他又给我开了介绍信,介绍给他分公司的经理,让他们帮忙。他自己又亲自在巴黎接我们,带领我们游览城市。自此以后,他给那些家境贫苦的童子军提供了一些工作,而且现在他仍在我们的团体中活跃地工作。

这可真是让我惊叹万分,但是我知道如果我不曾找出他所感兴趣的事,使他先高兴起来,那么我想接近他是多么不容易!"

自始至终,查利夫先生没有谈论童子军的旅费问题。他谈论的是对方所感兴趣的事情。

谈论对方感兴趣的事或物,是在无形中给对方一个赞美和肯定,会使你获得好感,从而拉近彼此之间的距离。

无论是生活中的普通交往,还是商业上的重要谈判,只要谈对方感兴趣的事,你就能更容易打动对方,就会收获意想不到的效果。

留人面子,让他对你"感激涕零"

有一天晚上卡耐基参加一个宴会,宴席中,坐在他右边的一位朋友讲了一段幽默故事,并引用了一句话,意思是"谋事在人,成事在天"。那位健谈的朋友提到,他所引用的那句话出自《圣经》。但卡耐基知道这位朋友错了,他很肯定地知道出处,一点疑问也没有。

为了表现优越感，卡耐基忍不住纠正他。对方立刻反唇相讥："什么？出自莎士比亚？不可能！绝对不可能！"那位朋友一时下不来台，不禁有些恼怒。

当时卡耐基的老朋友法兰克·葛孟坐在他左边，他研究莎士比亚的著作已有多年，于是卡耐基就向他求证。葛孟在桌下踢了他一脚，然后说："戴尔，你错了，他是对的，这句话的确出自《圣经》。"

那晚回家的路上，卡耐基对葛孟说："法兰克，你明明知道那句话出自莎士比亚。"

"是的，当然。"他回答，"《哈姆莱特》第五幕第二场。可是亲爱的戴尔，我们是宴会上的客人，为什么要证明他错了？那样会使他喜欢你吗？他并没在征求你的意见，为什么不保留他的脸面？"

无论你采取什么方式指出朋友的错误：一个蔑视的眼神，一种不满的腔调，一个不耐烦的手势，都有可能带来难堪的后果。你以为他会同意你所指出的吗？绝对不会。因为你否定了他的智慧和判断力，打击了他的荣耀和自尊心，同时还伤害了他的感情。对方非但不会改变自己的看法，还要进行反击。

心理学的研究表明，谁都不愿把自己的错处或隐私在公众面前"曝光"，一旦被人曝光，就会感到难堪或恼怒。因此，在交际中，如果不是为了某种特殊需要，一般应尽量避免触及对方所避讳的敏感区，避免使对方当众出丑。

法兰克·葛孟对戴尔·卡耐基的人生告诫是：一些无关紧要的小错误，放过去也无伤大局，那就没有必要去纠正。这样不但能保全朋友的面子，维持正常的谈话气氛，还能使你有意外的收获——在朋友和在场的人心目中建立良好的印象，这无疑有利于自身人气的提高。

人活一张脸，树活一张皮。人人都有一张脸，是脸都会要面子。所以，我们与人交往，必须时刻顾及到他人的面子。挽回了他人的脸面，他会衷心感激你，喜欢你。

在他心中建立起"自己人"意识

人最关注的就是自己，也需要别人的关心和体贴。所以，与人交往，你对别人表示你的关心，等于传送了一份亲情，就会让对方心中感到温暖，让对方产生一种你是"自己人"的感觉。这样，双方就能打破彼此的隔阂，接近双方的距离。

1920年，法军上尉戴高乐在舞会上特意邀请杜洛小姐跳舞。他对杜洛小姐说："我有幸认识你，小姐，你使我非常荣幸，是一种莫名其妙的荣幸。"

杜洛小姐听到这话，心里乐开了花，说道："是的，上尉先生，我不知道还有谁的话比你的话更动听，比此时此刻更美丽。"

他们边跳边谈，渐渐地依偎在一起了。第四支舞曲刚结束，他俩已山盟海誓，私订终身了。

与人见面，打个招呼，多问候一声，几句简短的问话，能够温暖人心。你心里关怀别人，做出一些关切和问候，在一定程度上也能打动人心，为双方的交谈营造亲切友好的气氛，有利于双方的深入交谈。

田中义一是日本很有名气的政治家，他非常善于利用人们的亲近心理，营造温馨的交际环境，来取得预期的交际效果。

有一次，他到北海道进行政治游览，有位穿着考究，看起来很像当地知名人士的男子走出欢迎行列向他表示问候。田中义一急忙走上前去，紧紧握住那人的双手，十分热情地说道："啊，您辛苦了。令尊还好吗？"那个男子感动得一时说不出话来。田中义一的政治游览，也因此大获成功。

事后，田中义一的随从对主人的亲密举动十分不解，忍不住问道："那人是谁？"田中义一的回答出人意料："我怎么知道，但谁都有父亲吧！"

田中义一的交际成功，无疑在于他选择了一个比较好的交际切入点，即在男子心目中迅速建立了"自己人"意识，使男子觉得他是一个值得信赖、和蔼可亲的人，从而在心理上对田中义一产生了认同感。

如果能在交际之初迅速建立起"自己人"意识，就可以使对方打消对你的戒心，快速与对方建立起相互信任的关系。

第 5 章
不强迫也让人赞同接受的表达技巧

话说三遍淡如水

实际生活、工作中，一些人不仅"话说三遍"，甚至更多。说话者却还在埋怨听话者的迟钝、没有悟性。这样的人，空有一副好心肠，处世上却是失败的，至少白费了自己的口舌。

"话说三遍"，是觉得"话"有理，"话"很重要。因此，就要重复一遍，然后再强调一遍，或者更多，生怕别人听不懂，生怕别人听懂了而没有引起注意，或没有引起足够的重视。

可以说，"话说三遍淡如水"，其中的"话"有些是有理的，是该说的。问题是，这"三遍"却有些过度了。过犹不及，有理，超过了度，也就无理了。"三遍"虽然用心良苦，但却很少有事半功倍的。

说过头了，易伤害对方的自尊心。

每个人都有希望得到别人信任、赞赏的心理。"三遍"容易使对方误解，好像觉得自己太笨，太没有灵气。

说过头了，易挫伤对方的积极性、创造性。

一般人都有举一反三的能力，说话者若能起到抛砖引玉的作用岂不更好。

说过头了，易诱发对方的逆反心理。

你的"话"尽管有理，只是由于"说"多了，"说"得对方不耐烦了，对方就很容易对着干。

心有灵犀一点通。说话，能够提醒对方，让对方的聪明才智得以发挥，并且，最为重要的，对方会感受到一种虚妄的平等，从而信心十足。

抬杠抬杠，关系越抬越僵

"唉！要是当时不那样就好了。"

类似这种令人追悔的事件，多是由于当事人无视对方的立场，硬要坚持自己的意见所致。

中国古代有所谓"逆鳞"一语，即使再驯良的龙，也不可掉以轻心。龙的喉部之下，约一尺的部位上有"逆鳞"，全身只有这个部位的鳞是反向生长的，如果不小心触摸到一片"逆鳞"的人，必会被激怒的龙所杀。其他的部位任你如何抚摸或揉打都没关系，只有这一片逆鳞无论如何也接近不得，即使轻轻抚摸一下也犯了大忌。

被击中忌讳，对任何人来说，都不是愉快的事。不去提及个人平日认为弱点的地方，才是待人应有的礼仪。尤其是肉体上的缺陷，本人几乎没有任何责任，同时也是事出无奈，所以千万别用侮辱性的言语，攻击他人身上的残缺。

其实，不管一个人多么高尚，身上都有"逆鳞"存在。只要我们不触及对方的"逆鳞"就不会惹祸上身，还能平步青云。所谓"逆鳞"就是我们现在所说的"忌讳"，也就是缺点、自卑感。

在人际关系上，我们应当事先研究，找出对方"逆鳞"所在，以免有所冒犯。

人人都不希望被他人所误解，永远期望别人对自己有最正确的评价，但偶尔我们自己也在无意中评价了他人而不自知。

"我们公司的李经理很平庸！虽然他很谦虚，但我对这种人没有好感。"

假如说话的对象正巧是经理的心腹，而你又不知道，那后果简直不堪设想。不是被上司疏远，就是遭到上司"流放"的命运。为避免这一类的失败，与人谈话中，应选择适当的话题，以免犯错。

普通人在盛怒之下，爱拿起手边的玻璃杯往地下摔，玻璃杯摔完了就没有其他东西可摔,所以充其量也只不过是自己损失几个杯子而已。然而,一些特殊人物的发怒真是相当可怕的事情。

平日相当友善的同僚,虽不至于大吼"灭掉那家伙",但由于个人的立场和利害关系,也会演变成"封杀你"的结果。对于职场人士来说,"封杀你"意味着调职、冷冻、开除等人事变动。如果你是商界人士的话,"封杀你"或许就是代表对方的"断绝业务往来"或"关系冻结"。

雄辩并非是金,争辩赢不了人心

有的人在与人交谈中,喜欢争论不休。在争论中可能你有理,也可能以雄辩取胜,但要想轻易改变别人的主意,你就大错而特错了。

发生争执,有时会搞得不欢而散甚至使双方结下芥蒂。人是有记忆的,发生了冲突或争吵之后,无论怎样妥善地处理,总会在心理、感情上蒙上一层阴影,为日后的相处带来障碍。最好的办法,还是尽量避免它。

我们常用这么一句话来排解争吵者之间的过激情绪:有话好

好说。这是很有道理的。争吵者往往犯三个错误：

第一，没有明确而清楚地说明自己的想法，话语含糊，不坦白；

第二，措辞激烈、专断，没有商量余地；

第三，不愿意以尊重态度聆听对方的意见。

有一个调查说明，在承认自己容易与人争吵的人中，绝大多数说自己个性太强，也就是不善于克制自己。

与他人有了不同的看法，最好以商量的口气提出自己的意见和建议，语言的得体是十分重要的。应该尽量避免用"你从来不怎么样……""你总是弄不好……""你根本不懂"之类的语言，这必然会引起对方反感。即使是对错误的意见或事情提出看法，也切忌嘲笑。幽默的语言能使人在笑声中思考，而嘲笑他人则包含着恶意，这是很伤人的。

浪费口舌，做无谓的争辩，是最无意义的，这样只会促使矛盾更加激烈，甚至弄得两败俱伤。对一些不值得争论的意见，不妨用谅解的胸怀看待它。或者将当时不能理解的争议暂且放下，过一段时间再来重新看它，也许会另有见解。

当你将要陷入顶撞式的辩论漩涡里的时候，最好的办法就是绕开漩涡，避免争论。你不可能指望仅仅以摇唇鼓舌的口头之争，来改变对方已有的思想和成见。把细枝末节的小事当做天大的原则问题来加以辩论，是因为我们坚持成见的缘故。当你争胜好斗，喋喋不休，坚持争论到最后一句话时，虽然可以体验到辩论的"胜利"，但是这种胜利不过是廉价、空洞的虚荣心的产物，它的结果可能是引发一个人的怨恨。

谁能够克服喜好争论的弱点，谁就能在社交中获得成功。

一个事实，胜过一百句说服

别人犯了错误，由于直接牵涉到个人利益的得失，因此有时会找出一些客观原因来为自己辩解，此时如果直接反驳对方，则可能会伤害对方的面子，激发出他的逆反心理。

此时，批评者最好控制住自己的情绪，心平气和地回到事件本身上去，寻找对方错误所在的确凿依据，让对方自己去决定是继续狡辩还是承认错误，这样对方在面子上就好过多了。

某中学中午开饭时，一个学生端着一饭盒刚买到手的菜来找司务长反映：菜没有炒熟。司务长经过鉴定，证实了学生的话，于是就和这位学生带着那盒没熟的菜去找炒菜的刘师傅。刘师傅没等司务长把话说完就来了火气："煤不好，火头上不来，炒的菜又多，就是神仙来也没得办法！"作为司务长明明知道学校烧的煤是没有问题的，平常这位师傅炒的菜也是没有问题的，这次完全是因为他的责任心不强造成的。但他没有急于接着他的话反驳他，而是问站在一旁的炒菜的王师傅："你今天炒菜烧的什么煤？""院子里的那堆煤。""噢，那你今天炒了多少菜啊？""和刘师傅炒得一样多。""嗯，把你炒的菜打点来我看看。"司务长尝了后又交给那个学生尝，都说熟了。这时司务长才转过头来问刘师傅："你看，到底是因为煤不行，还是炒的菜太多啊？要不要让我再用相同的煤和相同的菜试验一遍呀？"在这样雄辩的事实面前，刘师傅开头的那种神气已经没有了，连忙答应把那没卖完的不熟的菜端去重炒。后来，连司务长宣布按规定扣他的奖金，他都没吭一声。

在这里，面对刘师傅推卸责任的自我辩解，司务长并没有直接把自己内心的想法说出来驳斥对方，而是从另一位炒菜师傅那里寻找证明刘师傅错误的事实依据，然后心平气和地把这些事实摆在刘师傅面前，这样，刘师傅自然无话可说，并自觉地改正错误、接受处罚了。

俗话说："事实胜于雄辩。"当对方对你的辩论提出置疑或不服时，不妨列举一二个事实作为例证，用事实说话，对方自然认可你的说服，接受你的观点。

接受对方的说服，再说服对方

在交谈中，你有时是很难让对方轻易被你说服的。这时，不妨换个方式，先接受对方的观点，然后再从对方的观点出发去说服他，逐步达到说服的目的。

你可以采取如下的说服步骤：

1. 了解对方的想法

想要让对方同意你的意见，第一点就是要设法先了解对方的想法。曾经有一位很优秀的管理者说："假如客户很会说话，那么我就有希望成功地说服对方，因为对方已讲了七成话，而我们只要说三成话就够了。"事实上，我们大多数人为了要说服对方，会精神十足地拼命说，说完了七成，只留下三成让客户"反驳"。这样如何能顺利圆满地说服对方？因此，应尽量将原来说话的立场改变成听话的角色，去了解对方的想法、意见，以及其想法的来源或凭据，这才是最重要的。

2. 接受对方的想法，同时也让对方接受你

如果对方反对你的新提议，是因为他仍对自己原来的想法保持不舍的态度，且他的看法尚有可取之处，那么此时最好的办

法,就是先接受他的想法,站在对方的立场想问题,最好能说出对方想讲的话。为什么要这样做呢?因为当一个人的想法遭到别人一无是处的否决时,极可能为了维持尊严或咽不下这口气,反而变得更倔强地坚持己见,拒绝反对者的新建议。若是局面沦落到如此地步,那么成功的希望就不大了。

有这样一个例子,某家用电器公司的推销员挨家挨户推销洗衣机,当他到一户人家里,看见这户人家的太太正在用洗衣机洗衣服,就忙说:

"哎呀这台洗衣机太旧了,用旧洗衣机是很费时间的,太太,该换新的啦……"

结果,不等这位推销员说完,这位太太马上产生反感,驳斥道:

"你在说什么啊,这台洗衣机很耐用的,到现在都没有故障,新的也不见得好到哪儿去,我才不换新的呢。"

过了几天,又有一名推销员来拜访。他说:

"这是令人怀念的旧洗衣机,因为很耐用,所以对太太有很大的帮助。"

这位推销员先站在这位太太的立场上说出她心里想说的话,使得这位太太非常高兴。于是她说:

"是啊,这倒是真的。我家这台洗衣机确实已经用了很久,是太旧了点，我倒想换台新的洗衣机。"于是推销员马上拿出预先准备好的宣传小册子，提供给她作为参考。

这种说服技巧，确实大有帮助，因为这位太太已产生购买新洗衣机的决心。至于推销员是否能说服成功，无疑是可以肯定的，只不过是时间长短的问题了。

善于观察与利用对方的微妙心理，是帮助自己提出意见并说服别人的要素。一般来说，被说服者之所以感到忧虑，主要是怕"同意"之后，会不会发生意想不到的后果；如果你能洞悉他们的心理症结，对症下药，他们还有不答应的理由吗？

3. 明确说服的内容

有时，虽然满腹的计划，但在向对方说明时，如果对方无法完全了解其内容，他可能马上加以否定。另外还有一种情形，对方不知我们说什么，却已先采取拒绝的态度，摆出一副不会被说服的模样；或者眼光短窄，不愿倾听。如果遇到以上几种情形，一定要耐心地一项项按顺序加以说明，务求对方了解我们的真心实意，这是说服此种人时要先解决的问题。对不能完全了解我们想法的人，千万不可意气用事，必须把自己新建议的重要性及其优点，一下打入他的心中，让他确实明白。举一个例子加以说明：假如你说服别人，第一次不被接受时，千万不可意气用事地说："说了也是白说。"

"我想你内心也必定这样想"

在经济高速发展之时,流行着一首歌,歌词中有一段是这样写的:

"明知是错,但却也改不过来。"

这首歌的内容是叙述一个工薪阶层的人酷嗜杯中物,已到了毫无节制的地步,经常喝得烂醉如泥,有时候甚至还在车站过夜。他知道这样做对身体有害,但就如歌词中说:"明知是错,但却也改不过来。"

虽然有的人还没达到像他一样在车站过夜的程度,但像这样的人在社会上也还存在,他们心里感到非常痛苦,无时无刻不在受良心的谴责。此时你若不体会他的内心,反而一本正经地做攻击性的劝解,这样,会使他产生什么样的心态呢?即使第三者是出于好意,却不为对方接受,对方非但不改过,反而变本加厉。所以,这种劝解方式,一开始就注定会失败。

譬如,某公司一位职员经常迟到,上司若是当面对他说:

"你到底打算怎样,公司并不是你一人的,可以想怎么做就怎么做,你这么做已将公司的秩序搞乱了,你好好反省反省。"

与其这么说，倒不如抓住对方的"良心"说："我想你内心必定也认为迟到是不对的，若是你能坚持这个正确的看法，便可望在不久的将来，体会到全体职员都准时上班的乐趣。"这样说更能为他所接受。

谁都希望自己能为上司所赏识。如果你的言语刺伤了他人，即使说得再多，他也无动于衷；相反，若能先肯定对方，之后再伺机说出自己的意见，比任何一种威胁的话都来得有效。

若是想让对方接受你的劝解，不妨用"我想你内心也必定这样想"这句话来引导他。

说软话，服人心

某公司经理到广州出差，在街头小货摊上买了几件衣服，付款时发现刚刚还在身上的一百多美元不见了；货摊边只有他和姑娘两人，他明知与姑娘有关，但没有抓住把柄。若他提及此事，姑娘必会翻脸说他诬陷人。

在这种情况下，这位经理没有和她来"硬"的，而是压低声音，悄悄地说："姑娘，我一下子照顾了你五六十元的生意，你怎么能这样对待我呢？你在这个热闹街道摆摊，一个月收入几百上千，我想你绝对看不上那几张美元的。再说，你们做生意的，信誉要紧啊！"他见姑娘似有所动，又恳求道："人家托我买东西，好不容易换来百把块美元，丢了我真没法交代，你就替我仔细找找吧，或许忙乱中混到衣服里去了。我知道，你们个体户还是能体谅人的。"

姑娘终于被说动了，她就坡下驴，在衣服堆里找出了美元，不好意思地交给他。

说"软"话会让对方觉得自己是在吃糖，心里甜甜的。在上述案例中，这位经理的一番至情至理的软和说辞，不但使钱失而复得，而且还可能挽救一个几乎沦为小偷的女青年。

现实生活中，人们普遍存在着吃软不吃硬的心态。特别是性格刚烈、很有主见的人，你如果说"硬"话，比如以命令的口吻，对方不但会不理睬，说不定比你还硬；如果你来"软"的，对方反倒产生同情心，纵使自己为难，也会顺应你的要求。

恳求就属于"软"话的一种。有很多时候，你要想说服人，说软话要比说硬话效果好得多。然而恳求并不是低三下四地哀求，而是一种"智斗"，是一种心理交锋。通过恳求的语言启发、开导，暗示对方并使对方按你的意思行事。

在沟通中，"心理柔道"是说服别人的一个有效方式。通过说些温和的中听的话，让对方听后心情舒畅，对你产生好感，自然也就容易接受你的说服。

采用"心理柔道"的说服方式，还可以通过先提出自己的想法，然后以征求意见的口吻抬高对方的自尊心，让对方在自我陶醉中放弃自己的观点，从而达成自己的说服目的。

张三在婚前是十足的大男子主义者，未曾想婚后的变化出乎众人意料，成了一名太太至上主义者。

原因是其太太的手段非常高明。在他们家中凡事皆由其太太先提出意见，然后才由自己做最后裁断，表面看似他自己的主张，事实上全是太太的主意。例如，有什么事要解决时，太太就对他说这个问题真不知如何是好，接着又说：

"我认为这件事若能……的话，想必更好，只是我不敢做主，最后还是由你来决定好了。"张三身为男人的自尊被捧得高高的，他仿佛觉得自己就是这个家里的君王，完全不介意其中真正的主导者。

人人都有自尊，在女人面前时男人尤甚。若想说服身份比自己高者，最好是利用这种方式。因为当对方的自尊提高了，即使对反面意见也很少提出异议，甚至自己被出卖了也无所谓。

这种心理柔道的重点，在于别让对方在你的温言软语中被软化，心甘情愿地听从你的说服。

吹"南风",不要吹"北风"

一日,南风和北风在途中巧遇。

两位老友相见,格外高兴,彼此攀谈起来,相互吹嘘自己有多厉害,越说越起劲,谁都不服谁。

恰好这时,有一个穿着大衣的行人路过此地,于是他们决定来场比赛,看谁能把行人身上的大衣脱掉。

强壮的北风怒吼一声,对南风老弟说:"看我的厉害,你就瞧好吧"。只见北风猛吸几口气,双拳紧握,目眦尽裂,原本结实的胸膛顿时鼓囊囊地膨胀起来。张口间,爆发出巨大的能量,狂风冲击之势,沙石飞扬,树木像是要被连根拔起了。

但看行人低着头,艰难地一步一步往前走,把大衣裹得更紧了。

北风见此情形,甚是着急,更加卖力地拼命刮,真是寒风凛冽,刺骨三分。

然而行人为了抵御北风的侵袭,把大衣裹了个严严实实,越裹越紧。气得北风吹胡子瞪眼睛,却也无计可施。

现在轮到南风上场了。只见他做起了深呼吸,凝神静气,双目自然垂视鼻尖,面容柔和,气守丹田,调息中吐故纳新。

暖人的南风徐徐吹来，顿时风和日丽，鸟语花香，一切都是那么令人心旷神怡。

行人感到非常舒适，如沐春风，慢慢地暖意就袭上身来，有些许微热，于是很自然地宽衣解带，脱掉了大衣。

此时，南风得意地露出了睿智的笑容。

这就是"南风效应"这一社会心理学概念的出处。"南风效应"给我们的启示是：温暖胜于严寒。

通常情况下，用温和的方式去启发他人进行自我思考或者反省，进而说服他人，往往比强硬的手段更有效。

因为每一个人都有自己的思想，都不是一个毫无防御能力的固定靶，并不是只要我们瞄准他，"砰"一声枪响，他就会应声而倒。在人际交往的链环中，任何人都不是被动的枪靶，而是沟通的主体。你要向他开枪射击，他难道就不可以躲避一下，或者操起心灵上的盾牌，给你挡回去？甚至拿起枪对你扣动扳机？

一天，学生小A被英语老师赶出了课堂。小A在走廊里站一会儿后，气冲冲地来到班主任刘老师的办公室。

刘老师清楚此时此景，如果对小A进行严厉批评，甚至"体罚"一下，小A肯定听不进去，甚至会和自己发生冲撞。

于是，刘老师站了起来，摸了摸他的头，说："呦，火气还不小嘛！来，在我的椅子上坐会儿，消消气。"待他的情绪稳定下来，刘老师又用关切的眼神凝视着他，轻柔的语言飘荡在他的耳边，向他了解事情的经过。

面对刘老师的平静温柔，小A的怒气渐渐平息，客观公正地陈述了事情的经过，言语中也有自责。

课后，小A主动向英语老师道歉。

对待这件事情，如果刘老师采取不分青红皂白，对小A进行辱骂体罚，以维护"师道尊严"，那么自然不能产生这样好的教育效果。

通常，很多老师都在为脱掉学生身上"某件大衣"而狠吹"北风"，但是，刺骨寒冷的"北风"只会激起孩子们的对立情绪和逆反心理。北风固然凶猛，可结果却事与愿违；南风虽然徐徐，却能达到预期目标。

"南风效应"给我们的启示是：温暖胜于严寒。通常情况下，用温和的方式去启发他人进行自我思考或者反省，进而说服他人，往往比强硬的手段更有效。

让别人多说，自己多听

有一个年轻人，去向大哲学家苏格拉底请教演讲术。为了表示自己有好口才，他滔滔不绝地讲了许多话。最后，苏格拉底要他缴纳双倍的学费。

那个年轻人惊诧地问道："为什么要我加倍呢？"

苏格拉底说："因为我得教你两样功课，一是怎样闭嘴，另外才是怎样演讲。"

在日常的生活中，我们是不是也有过这样的经历。

自己滔滔不绝地讲个没完没了，而别人早已经厌烦了。当别人说话时，我们总喜欢打断别人，说自己感兴趣的话。有时候我们虽然在听别人说话，但却心不在焉，不是打哈欠就是抠手指。

如果你希望别人喜欢你，尊重你，在背后称道你，这里有一个方法：耐心倾听对方的话，不管他说什么都兴味盎然，哪怕知道他将说什么也决不打岔。

你将发现，即使一个最不讲道理、最顽固的人，也会在一个有耐心、有同情心的听者面前软化下来，变得像小猫一样乖顺。

卡哈尔在一个晚宴上，见到了一位著名的植物学家。

卡哈尔以前并不认识这位植物学家，他发现这位植物学家很有意思，于是专注地坐在椅子边倾听他谈论大麻、印度花草以及室内花园。他还给卡哈尔讲了有关马铃薯的一些惊人故事。

卡哈尔在这次晚宴上什么也没做，只顾专心地听那位植物学家谈话，听了好几个小时。

植物学家最后临别时向所有的人宣布"卡哈尔是最有意思"的人,是一个"最有意思的谈话家"。

这似乎让人奇怪,卡哈尔自始至终只是一个倾听别人讲话的人,却被说成是"谈话家"。这就说明倾听也是一种交流,也是一种对话。

杰克乌弗在《陌生人在爱中》写道:"很少有人经得起别人专心听讲所给予的暗示性赞美。"倾听就是最好的鼓励,这表示你对他的观点感兴趣,欣赏他说话的方式,甚至是欣赏他整个人。

人都是自私的,人最优先关注的永远是自己。跟你谈话的人,对他自己、他的需求和他的问题,比对任何人、任何事更感兴趣百倍。他对自己的牙痛,比对非洲的四十次地震更感兴趣。

渴望拥有听众不只是孩子的愿望,成年人更需要别人的认同与欣赏。聪明人会耐心地做一个听众,鼓励别人表现自己。

因此,人际沟通中的一条最重要的规则是:做一个好的听者。鼓励他人谈论他们自己。

如何做到倾听对方呢?

要专心。倾听时要精神集中,神情专注。多与对方交流目光,别人讲话时要适时点头,并发出"是""对""哦"等应答。但不要轻易打断别人的谈话，也不要随便插话，若非插话不可，要先向对方表示抱歉，并征得对方同意，如"对不起，我可以提个问题吗"或"请允许我打断一下"。

要虚心。交谈中要尊重对方的观点，即使你不同意别人的看法，也不要轻易打断别人的谈话。如确有必要，需等人家讲完后再阐明自己的观点。特别是对方还没有充分地把自己的意思表达清楚的时候，不要轻易表态，乱下断语，也不要挑剔批评。

要耐心。交谈中要注意控制自己的情绪。有时会因为对方过长的发言或自己不感兴趣的话题而感到厌烦，这时要学会控制自己的情绪，不要表露出来，要耐心听他把话讲完，这是对讲话人的尊重。特别是对方有意见的时候，要耐心倾听，给对方提供宣泄自己不满的机会，有助于问题的解决。

倾听就是最好的说服，这表示你对他的观点感兴趣，欣赏他说话的方式，甚至是欣赏他整个人。如果你希望别人喜欢你，尊重你，在背后称道你，这里有一个方法：耐心倾听对方的话。富有魅力的人大多是善于倾听别人言谈的人。真正善听人言者比起善言者更能感动对方，更能唤起对方的亲近感，更容易打动和说服对方。

提个问题,让对方主动摊牌

和人交谈,最忌讳的是我们自己口若悬河而对方沉默不语。所以,我们不光要打开自己的话匣子,还应该巧妙地打开对方的话匣子。打开对方话匣子的最好方法是提问。光是自己不断地说话,是无法了解对方关心的问题的,所以让对方多说话非常重要。

我们要善于提出一些问题,然后用心地倾听对方的答复。除了用心倾听之外,还要不时地插入一些问题进一步询问。掌握主导权,一步一步借题发挥,在询问过程中渐渐了解对方关心的内容,而且以此为重点让话题继续进行。这样一来,对方就会饶有兴趣地侃侃而谈,这是让谈话热烈进行的秘诀。

比如说我们想结识一个医生,而我们对于医学完全是门外汉,这时我们就可以用问的方法来打开局面。"近来患流感的人好像很多,你们大概又忙于替人打预防针了吧?"一个和时令或新闻有关的问题,同时又贴近对方的工作,是最得体的。如果碰到房地产经纪人,我们可以问他近来国家宏观调控下的房价走向;碰到家电业的人,则可请教他国产电器和日本电器的性能价格比较;碰到教师,则问他学校的情形。总之,问话是打开对方话匣子的最好方法。

问话需注意的是，要问对方所知道的，问对方最内行的事情。如果我们不确定对方能否回答，那么还是以不问为好。例如，问一个医生"去年本市患甲肝的病人有多少？"这是不容易回答的。要是对方的答语是"不大清楚"，这样不仅使答者有伤体面，而且会让双方都感到没趣，因此，要尽量回避这样的提问。

其次，有关宗教及政治的观点要慎重提问，除非对方是一个专家或权威人物。因为普通人对宗教与政治各有各的立场和见解，对方也不知道我们有什么用意，也不知道我们有无成见。聪明的人一般不会明确地答复这种问题，所以不问为好。

有些问题，在我们得不到圆满的答复时，可以再继续问下去，但有些问题问过以后就不宜再问。比方说，我们问对方住在哪里，如果他说"在朝阳区"或者说"在海淀区"，那么我们就不宜再问某街某号。如果他乐意让我们知道，他一定会主动详细地说出来，而且最后还会补上请我们光临的客气话。举一反三，其他诸如此类的问题也是一样，适可而止，以免误事。

此外，在日常交际中还要注意，不可问别人东西的价钱，不可问女士的年龄，不可问别人的收入多少，不可详问别人的家庭情况，不可问别人用钱的方法，不可问别人工作上的秘密，如企业股票上市价格等一些商业机密。

总之，凡对方不知道或不愿让别人知道的事情都应避免发问。问话的目的是引起两方谈话的兴趣，而不是使任何一方没趣。如果我们的提问能使答者滔滔不绝、十分尽兴，那便是问话的最高本领。

在询问的过程中，我们还要渐渐了解对方关心的内容，而且以此为重点，让话题继续进行。这样，对方就会一股脑地对你说出满肚子的话，这是高效沟通、说服对方的成功所在。

问话的奥妙主要是靠自己去揣摩，因人、因地、因事而灵活运用。而一旦掌握了聪明、轻松打开话匣子的能力，你的人脉关系网就会至少比现在扩大一倍。

你的赞美，让人际关系更完美

人人都喜欢被赞美。美国人际关系大师卡耐基说过："成功人际交往的第一个秘诀是：请对方帮一个忙；第二个秘诀：真诚赞美他人；第三个秘诀：尽量满足他人的需要。"

在实际生活中，赞美帮助我们赢得了朋友。我们所拥有的众多朋友，都是因为我们在内心深处赞美他们、接受他们而获得的，因为这些朋友都在这方面或那方面拥有我们没有的优点。我们赞美他们，他们也赞美我们，彼此之间的距离也就缩短了。我们并不要求他们与我们有相同的文化、相同的成长背景、相同的专业爱好。我们只求他们其中的一点，或诚实可靠，或处事稳健，或富于幽默感，就足以"使我惭愧、促我自新"了。

赞美别人，照亮了我们的生活，也营造了我们和谐的工作环境。

在很多人眼里，持"同事是对手"的观点的人恐怕不少，因而对于周围的人取得的成绩，爱嫉妒、爱贬低或喜欢从侧面去找岔子。

有位大学生在刚参加工作的时候也是这样：那一年评"先进工作者"没有他的名字，但他自认为从业务素质到实干精神自己都不错。第一天他为此而伤脑筋睡不着觉，甚至想起了被评上的那位同事的几个不足：备课笔记是用了好几年的，在上课时与学生乱开玩笑。他真想破门而出，让大家都知道要评他该多好！可是他转而想了一下自己的不足，又认为采取另一种方式会更好：大家都是同事，共事的时间还很长，不要为这种小事而破坏了关系。第二天他便向被评上者表示祝贺。他对别人的赞美的态度使他一下子解脱了出来，而且他们的友情也从此开始了。

其实，在很多同事或朋友之间，这种和谐的气氛就是通过互相赞美而产生的。

赞美可以缩短人与人之间的距离,为我们赢得友情和坚强的团体;然而赞美的最大好处还在于使被赞美者获得提高。你赞美一个人勇敢的时候,这个人会变得更加勇敢;你赞美一个人正直的时候,这个人会变得更加正直。

要建立良好的人际关系,恰当地赞美别人是必不可少的。我们每个人都希望自己受到别人的赞美,而实际上,我们花了很大的精力,希望从他人那里得到赏识,但是,周围充分理解自己言行的人并不多,而我们自己也很少评论那些发生在周围的、我们所喜欢的言行。这一点着实令人感到奇怪,因为表示赞赏是非常容易的,不需要任何代价,而在赞美别人后自己得到的回报却是多方面的。

第6章
不强求也让人乐意效劳的办事技巧

诱以情利，挑起他的欲望

在办事时，对方能不能答应你的要求，能不能全力帮助你把事情办成，关键在哪里？关键在于他心里是怎么想的。他的内心世界怎么想问题，就决定了他对你提出的事是给办还是不给办。那么，心理学家告诉我们，人们怎样想一件事情完全是外在情趣和利益诱惑的结果。他对A问题感兴趣，或者想获得A，他就会说对A有利的话，也会做对A有利的事；反之，他便具有原始的不自觉的拒绝的心理。所以，人们在办事时，要想争取对方应允或帮忙，就应该设法引起对方对这件事产生积极的兴趣，或者设法让对方感觉到办完这件事后会得到自己感兴趣的利益。

很显然，什么事情会带来兴趣或带来满意的回报，人们就会乐于对什么事情投入感情、投入精力，甚至投入资金。这种办事方法就叫做情趣、利益诱惑法。

利用情趣、利益诱惑法，必须让对方感到自然愉悦，深信不疑，并且认为大有希望，只有利用情趣或利益把对方吸引住，对方才肯为你的事付出代价。

情趣、利益诱惑法在具体运用时也有一些小窍门：

1. 用兴趣让对方跟着自己

当我们很谨慎地根据他人的经验、兴趣，而设法接近他人时，除了拿出"新颖"的东西之外，还得掺杂一些别人"熟悉"的成分。因为我们的目的是，不但要吸引他人的注意，还必须把握住他人的注意力使他人折服。

2. 诱之以利，让对方感觉到希望的牵引

诱之以利，也可以说是"利而诱之制人术"，是"诱之以利，将欲予之，而先不予"，让想要得到利益之人长期生活在隐隐约约的希望之中。这样，就会让这个抱着希望的人死心塌地地为你办事。

这个心理规则能够给要办事的朋友一个很好的启示：首先，要想达到自己的目的，就必须激起对方的欲望，暗示只要能办成事，好事就在后头，并不时地给些甜头，让他相信你所说的并非是一句空话，于是在不断的刺激下，他的欲望也就被挑了起来，这就是你牵着他鼻子走的时候了。

因此，可以告诉办事的朋友，大可不必因有求于人便产生低人一等的被动消极想法，而应利用本身的资本去吸引他，去打动他，这才是办事的最高境界。各位朋友都应朝这个目标努力。

也许你会说我一无所有，没什么资本，叫我如何吸引他。其实，资本全在自己开发，一无所有本身就是资本，你有一条宝贵的生命，你有一个发达的大脑，你有无牵无挂的潇洒，于是你会根据那时那刻的种种条件做出一个最有效的办事方案，付诸行动，定会成功。

投桃报李，人人乐意回报你

现代社会，人们做事都讲究经济利益，而请人帮忙、办事的最好方式就是"投桃报李"。

一位心理学教授做过一个小小的实验，证明了这种心理的普遍存在。他在一群素不相识的人中随机抽样，给挑选出来的人寄去了圣诞卡片。虽然他也估计会有一些回音，但却没有想到大部分收到卡片的人，都给他回了一张。而其实他们都不认识他啊！给他回赠卡片的人，根本就没有想到过打听一下这个陌生的教授到底是谁。他们收到卡片，自动就回赠了一张。

也许他们想，可能自己忘了这个教授是谁了，或者这个教授有什么原因才给自己寄卡片。不管怎样，自己不能欠人家的情，要给人家回寄一张，总是没有错的。教授不经意间投出的"桃"

换来了别人的"李"。

"投桃报李"的重点在于让对方产生负债心理，使人们感到欠你的人情，不好拒绝你的请求，并想法替你办事作为回报。

一只小蚂蚁在河边喝水，不小心掉了下去。它用尽全身力气想靠近岸边，但不一会儿就游不动了，在原地打转，小蚂蚁近乎绝望地挣扎着。这时，正在河边觅食的一只大鸟看见了这一幕，它同情地看着这只可怜的小蚂蚁，然后衔起一根小树枝扔到它旁边，小蚂蚁挣扎着爬上树枝，终于脱险回到岸上。

当小蚂蚁在河边草地上晒身上的水时，它听到了一个人的脚步声。一个猎人轻轻地走过来，手里端着枪，准备射杀那只大鸟。小蚂蚁迅速地爬上猎人的脚趾，钻进他的裤管，就在猎人扣动扳机的瞬间，小蚂蚁咬了他一口。猎人一分神，子弹打偏了。枪声把大鸟惊起，振翅飞远了。

大鸟可怜小蚂蚁帮了它一把，小蚂蚁感恩图报救了大鸟的命。为什么呢？这是动物乃至人类的本能，它（他）们会在得到别人的恩惠后，自然而然产生一种回报别人的负债心理，一有机会，一定连本带利去报答。

你是否碰到过这样的情况：你主动给别人带了早餐回来，通常，在他中午出去吃饭的时候，你请他能否顺便给你带回来一份时，即使外面太阳炽烈，他也会答应给你带回来。但是在你没有给他任何小恩小惠的情况下，他通常都会委婉地对你说："要不，我们一起去吃吧。"或者直接对你吼道："热死人了，我还懒得去买呢。"

通常，人们在接受了他人给予的恩惠后，都会产生一种必须回报的负债感，只要有机会，就会回报给对方，以期达到心理和感情上的自由和平衡。这些都是人的负债心理在起作用。这种在得到对方的恩惠后，就一定要报答对方的心理，是人类社会中根深蒂固的一个行为准则。

正所谓"投之以桃，报之以李"，给人一点好处，你也会得到意外的回报。在请人办事时，运用"投桃报李"可以有效地达成自己的愿望。需要注意的是，"投桃报李"是一种互逆的过程，也就是说，除了可先"投桃"后得到对方的"报李"，也可先得到对方的"报李"后再"投桃"。只要在互相信任的基础上，先"投桃"与先"报李"都是无所谓的。先以允诺"投桃"，从而得到对方的"报李"，往往对事情的成功更有好处。

以自己的付出交换对方的付出

西方著名社会心理学家霍曼斯提出，人际交往在本质上是一个社会交换的过程。他说的这种社会交换，就是指相互间的资源交换。长期以来，人们最忌讳将人际交往和社会交换联系起来，认为一谈交换就很庸俗，或者亵渎了人与人之间的真挚感情。这种想法显然不符合求人办事的规律。

求人办事，其实就是一种交换资源的过程。如果你先给对方某些好处，或是帮对方一点什么忙，那么你再向对方请求办事时，对方也就不好意思拒绝，愿意为你帮忙。

任何人在求人办事时，都是在与对方交换着某些东西，或者是物质上的，或者是感情上的，或者是其他的方面。假如你去找人办事，就得先估计自己能不能帮对方办事，有没有什么可以作为交换条件。你如果什么交换条件都没有，那么事情就难办了。

所谓交换条件，可以是物质的，也可以不是，你的某种能力对方认为很需要，那你的某种能力就可以作为交换条件；你的某位亲戚是个有地位的人，对方若认为有可能会用到你的亲戚，那么你这位亲戚的财势地位，就可以作为交换条件；你的社交能力特别强，对方认为你有很好的前途，这个也可以作为你的交换条件。

求人办事，首先要让对方知道你也有能力为他办事，他能从你这里得到好处，或者知道你有使用价值，这种情况下，你再开口，所求之事就会大功告成。

从另一个角度讲，求人办事也是一种平衡双方利益的过程。求人办事，不管办什么事其实都是为了获得某种利益，而要通过别人获得这种利益，又必须保持一种相对稳定的利益平衡关系。就是说在利益问题上不能总一头大、一头小，不能让对方一味地付出，即便这种付出只有一点点，也是如此。因为，久而久之积少成多，问题就会显现出来。

因此，找人办事，要在人付出之前或付出之后让他有所得，要让他为自己的付出感到心甘情愿。这就需要给与他们一定的回报。这种回报当然不限于物质上的，也包括精神上的、感情上的。所以，在请人办事的过程中，一定要把握好这种利益平衡关系，这样才能更有效地办事。

先帮对方忙，再请对方帮你忙

有句俗话说得好："天下一家亲，就看认不认。"在你没门子找门子、没路子找路子的时候，能利用一定的技巧与那些"能人"搭上关系，那么你的事就很容易办了。关键是你要善于找方法，能够与那些能人拉上关系说上话。而其中一个很重要的方法就是,在你帮过对方的忙后趁机求他帮忙,这时对方没有还口的余地,很自然地就帮你办事。

大名鼎鼎的橡胶大王陈嘉庚是以橡胶制品白手起家的。当时有一家汽车配件厂刚开工,需要大量的橡胶,陈嘉庚求胜心切找到这家工厂的厂长,但没谈成功反而碰了一鼻子灰,原来这家工厂早已有意和另一家橡胶厂合作。

陈嘉庚觉得如果就这样知难而退放跑这条大鱼,未免太可惜了,于是他就想出了另外一个办法。

这一次他不再去找老板,而是先与配件厂的一个职员交上了朋友,然后假装漫不经心地从那个职员口中套知该老板的有关情况,以选择突破口。那个职员谈到老板有一个儿子,整天缠着要去看赛马。老板很疼爱他,但自己的酒店开张在即,千头万绪,根本抽不出时间陪儿子。

职员是当做趣闻说起这件事的,可言者无心,听者有意,陈嘉庚感觉他已经找到了打开老板闭门拒客心理的钥匙。

陈嘉庚让这个职员搭桥,自掏腰包带老板的儿子去看赛马,令老板的儿子喜出望外,兴高采烈。陈嘉庚的举动使老板十分感动,不知如何答谢才好,于是,同意以陈嘉庚的工厂生产的橡胶作为原料。事情最终大功告成。

都说"万事求人难",在同客户办事时更是如此。当你求人遇到困难时，可以先想方设法帮对方一个忙，然后再趁机请他帮忙。这种时候，你的客户无论出于什么原因或心理，都会很轻易地答应帮忙。

先进门槛，再逐步登高

美国社会心理学家弗里德曼与弗雷瑟做过这样一个实验：他们让自己的助手到两个普通的居民小区劝说人们在房前竖一块写有"小心驾驶"的大字标语木牌。

在第一个居民区，他们直接向人们提出这个要求，结果遭到很多居民的拒绝，接受的人仅仅有17%。而在第二个居民区，他们先请求众居民在一份赞成安全行驶的请愿书上签字，这是很容易做到的小小要求，几乎所有的被要求者都照办了。他们在几周后再向这些居民提出在自家房前竖立"小心驾驶"标语木牌的要求，这次的接受者竟占被要求者的55%。

为什么同样都是竖牌的要求，却会有如此截然不同的结果呢？这是因为当你对别人提出一个貌似"微不足道"的要求时，对方很难拒绝，否则，似乎显得"不近人情"。而一旦接受了这个要求，就仿佛跨进了一道心理上的门槛，就很难有抽身后退的可能。当再次向他们提出一个更高的要求时，这个要求就和前一个要求有了继承关系，让这些人容易顺理成章地接受。

美国心理学家D·H·查尔迪尼做了这样一个实验：他代替某个慈善机构进行了一次募捐活动。在募捐时，对一些人说了这样一句话："哪怕一分钱也好"，而对另外一些人则没有说这句话。结果，前者的募捐比后者要多两倍。

这就是说，在向人们提出一个微不足道的小要求时，人们很难拒绝，否则就太不通人情了（先进门槛再逐步登高，得寸就步步进尺）。为了留下前后一致的印象，人们就容易接受更高的要求。

比如一个推销员，当他可以敲开门，跟顾客进行交谈时，其实，他已经取得了一个小小的成功。在这种情况下，如果他能够说服顾客买一件小东西的话，那么，他再提出进一步的要求，就很可能被满足。因为那位顾客之前答应了一个要求，为了前后保持一致，他的确会有较大可能性接受进一步的要求。

一次，一个旅游团不经意地走进了一家糖果店。他们在参观一番后，并没有购买糖果的打算。临走的时候，服务员将一盘精美的糖果捧到了他们面前，并且柔声慢语："这是我们店刚进的新品种，清香可口，甜而不腻，请您随便品尝，千万不要客气。"如此盛情难却，恭敬不如从命。旅游团成员觉得既然免费尝到了甜头，不买点什么，确实有点过意不去，于是每人买了一大包，在服务员"欢迎再来"的送别声中离去。

在中学时代，很多同学都见到过这样的情况：一个男生喜欢上了一个女生，就会找机会向她靠近，先说："我的橡皮丢了，你能借我用下你的橡皮嘛？"对于这样一个简单的小要求，通常女生都不会拒绝，也不好意思拒绝，没理由拒绝。于是，一块橡皮引发的故事开始了。过不了多久，男生又说："这道题我不是很理解，你能帮帮我，给我讲解一下吗？"之后呢，"顺路，我送你回家吧"……一段伟大的友谊或者爱情产生了。

有的孩子向妈妈要求，可不可以吃颗糖果？当妈妈答应他的时候，他可能会提出进一步的要求，那可不可以喝一小杯果汁呢？妈妈经常是会答应的。

这给我们的启示是，请人办事时，当我们要提出一个比较大的要求时，可以不直接提出，因为这个时候很容易被拒绝。你可以先提出一个较小的要求，一旦被答应，再提出那个较大的要求，会有更大的被接受的可能。

借名人的"名头"办事

这里所讲的"名人",是频繁出现在媒体、曝光在大家面前的,是大家众所周知的,甚至只要是你的周围、身边的圈子里小有名气的人都可以算是"名人",而借助"名人"效应,最主要的就是这个"名"。

只要牢牢抓住"名",巧妙地加以利用,对你的事业、人生会起到如虎添翼的作用。

有位阿拉伯人名叫艾布杜,本来穷困潦倒,身无分文,就是使用了这种手段,广求于天下,不但求来许多名人做朋友,还为自己求来了百万家财。艾布杜在他的签名簿里贴有许多世界名人的照片,再模仿名人的亲笔字,签写在照片底下,艾布杜便带着这几本签名簿浪迹天涯,登门造访工商巨子和好名的富翁。

"我是因仰慕您而千里迢迢从阿拉伯前来拜访您的,请您贴一张玉照在这本《世界名人录》上,再请您签上大名,我们会加上简介,等它出版后,我会立即寄赠一册……"

被他拜访的富豪,一看到其中的照片和签名都是当代的世界名人时,会有什么反应呢?人都是好名利的,尤其是有钱人更爱虚名。因此，多数的人都心甘情愿地签下大名，并提供照片。又由于这些人有很多钱，而且喜欢摆阔，一想到能跟世界名人排名在一起，便感到无限风光。这样一来，他们就会毫不吝惜地付给艾布杜一笔为数可观的钱。每本签名簿的出版成本不过是一两美元。而富人所给的报酬，却往往超过上千美元。艾布杜整整花了6年的时间，旅行85个国家，提供给他照片与签名的共有2万多人。给他的酬劳最多的有2万美元，最少的也有50美元，总计收入大约为500万美元。

这个故事中的阿拉伯人正是巧妙地利用了"名人"效应，通过借助"名人"来实现自己的目的，因为对于一般人来说，那些所谓的"名人"在人们眼里更显得有声望，是具有特殊地位的群体。"名人"的一言一行都颇具影响力，而且在很大程度上是为大众所效仿的。

约翰逊是美国著名的出版家，有一次，约翰逊想招揽真尼斯无线电公司的广告。当时真尼斯公司的管理者是麦克唐纳，他是一个精明能干的总经理。约翰逊写信给他，要求和他面谈真尼斯公司广告在黑人社区中的利害关系。麦克唐纳马上回信说："来函收悉，但不能与你见面，因为我不分管广告。"

约翰逊并没有在麦克唐纳那官腔式的回信面前逃避，而是采取积极主动的态度。约翰逊认为从麦克唐纳的来信中看，答案是再清楚不过的：他管的是政策，相信也包括广告政策。于是约翰逊再次给他写信，要求与他见面，交谈一下关于在黑人社区所执行的广告政策。"你真是个不达目的誓不罢休的人，我将接见你。但是，如果你要谈在你的刊物上安排广告的话，我就立即中止接见。"麦克唐纳回信说。

于是就出现一个新问题，约翰逊一直在想他们见面后该谈什么。翻阅美国名人录，约翰逊发现麦克唐纳是一位探险家，在亨生和皮里准将到达北极那次闻名探险之后的几年，他也去过北极。亨生是个黑人，曾经将他的经历写成书。约翰逊想这是个很好的机会，于是他让在纽约的编辑去找亨生，求他在他的一本书上亲笔签名，好送给麦克唐纳。他还想起亨生的事迹是写故事的好题材，这样他就从未出版的七月号《乌檀》月刊中抽掉一篇文章，并以一篇简介亨生的文章代替它。

到了那天，约翰逊刚步入麦克唐纳的办公室。麦克唐纳第一句话就说："看见那边那双雪鞋没有？那是亨生给我的。我把他当做朋友。你熟悉他写的那本书吗？""熟悉。刚好我这儿有一本。他还特地在书上为你签了名。"麦克唐纳翻阅那本书，接着，他带着挑战的口吻说："你们的杂志，依我看，应该有一篇介绍像亨生这样人物的文章。"约翰逊表示同意他的意见，并将一本七月号的杂志递给他。他翻阅那本杂志，并点头赞许。约翰逊告诉麦克唐纳，他创办这本杂志就是为了弘扬像亨生那样克服重重困难而达到最高理想的人的精神和成就。"你知道，我想不出我有什么理由不在这本杂志上刊登广告。"最后，麦克唐纳说。

在与人交往，找人办事的时候，常常需要与人进行交流沟通。因此，谈话的重点对于办事能否成功显得至关重要。很多人常常为谈话的内容感到头痛，特别是在找人办事的时候，怎样引发他人的兴趣，寻找到共同点呢？在这个时候，你不妨主动出击，找一个双方都熟知的"名人"作为突破口，这样，就很容易与他人引发共鸣，而你所办的事也就变得容易了。

用"柔肠"打动"铁石心肠"

在日常生活中，在普通的人际交往中，我们一定要记得：每个人都有同情心，它是人类天性中的一部分，是人性善良的根基。只看你如何以真诚轻柔的触角去触动它的薄弱点，从而以点带面，借助情感的系统连带作用，感染对方，从而把事情办成。

以情动人，凡事皆可办成。面对你的一片"柔情"，就是铁石心肠，也免不了会动心。

当然，并不是说凡求人办事都要摆出一副可怜兮兮的样子，流下几滴眼泪。而是说，当我们在求人解决问题时，应该调动听者的同情心，使听者首先从感情上与你靠近，产生共鸣。这就为你问题的解决与事情的办成打下了基础。人心都是肉长的，只要你将受害的情况和你内心的痛苦如实地说出来，处理者是会动心的。

同情心可以加深当权者对受害人的理解，但这并不等于说他马上就会下定处理的决心。因为处理者要考虑多方面的情况，有时会处于犹豫之中，甚至会抱着多一事不如少一事的态度，不想过问。这时候，求情办事者就得努力激发被求者的责任感，要使被求者知道，这是在他职责范围以内的事，他有责任处理此事，而且能够处理好此事。

美国曾有一位老妇人向正在律师事务所办公的林肯律师哭诉她的不幸遭遇。原来，她是位孤寡老人，丈夫在独立战争中为国捐躯，她靠抚恤金维持生活。前不久，抚恤金出纳员勒索她，要她交一笔手续费才可领取抚恤金，而这笔手续费是抚恤金的一半。林肯听后十分气愤，决定免费为老妇人诉讼。

由于出纳员是口头勒索的，没有留下任何凭据，因而这位出纳员指责原告无中生有，形势对林肯极为不利。但他十分沉着、坚定，他眼含着泪花，回顾了英帝国主义对殖民地人民的压迫，爱国志士如何奋起反抗，如何忍饥挨饿地在冰雪中战斗，为了美国的独立而抛头颅、洒热血的历史。

最后,他说:"现在,一切都成为过去。1776年的英雄,早已长眠地下,可是他们那衰老而又可怜的夫人,就在我们面前,要求申诉。这位老妇人从前也是位美丽的少女,曾与丈夫有过幸福的生活。不过,现在她已失去了一切,变得贫困无靠。然而,享受着烈士们争取来的自由幸福的某些人,还要勒索她那一点微不足道的抚恤金,有良心吗?她无依无靠,不得不向我们请求保护时,试问,我们能熟视无睹吗?"

法庭里充满哭泣声,法官的眼圈发红,被告的良心也被唤醒,再也不矢口否认了。法庭最后通过了保护烈士遗孀不受勒索的判决。

没有证据的官司很难打赢,然而林肯成功了。这应归功于他的情绪感染驾驭了听众及被告的心理,实现了理智与情绪的有机统一。

如果情感也打动不了对方时,还有一招就是激发起所求之人的责任心,同情心与信任心一旦被激发,事情办成就八九不离十了。

有位教师,教学科研成绩突出,各项条件具备,但职称总评不上,原因是他与校领导关系不好。此君上告到上级主管领导处,虽然竭尽所能引起领导对自己处境的同情,但仍收效不大。这位领导听后反而推辞说:"评不上职称是你学校的问题,学校不上报,我又有什么办法?"

此君早有心理准备,立刻说:"如果学校能解决,我就不会来麻烦您了。我是逐级按程序反映。你是上级领导,而且又主管这方面的工作,下面在这方面出了问题,您是有权过问的。如果您不及时处理,出现更大麻烦,那就晚了。我想,只要您肯过问,您的意见他们会听的。"

这番话很奏效,这位领导很快改变了态度,事情最终得以解决。

这位办事者的言外之意是:处理此事是您的责任,如果你不过问就是失职,那么,我还会向更上级领导反映,那时,您可就被动了。

在找人办事时,激发对方的同情心和责任感是十分重要的,当你巧妙地点醒对方身负的责任和手中的权力时,会使对方衍生出一种自豪感,让他感觉得到了应有的尊重,并同时站到了你的立场上。到了这个时候,再难办的事情也能办得成。

投其所好,他会高兴把事办好

从心理学的角度来说,人人都有自己独特的爱好,并且对和自己拥有同一爱好的人总是有一种特别的好感。因此，在人际交往中，如果我们能够抓住人人都喜欢"投其所好"的特点，自然能够给别人留下比较好的印象，与其交往也会轻松自如很多。只要他高兴了，事情就好办了。

台湾有位女明星需要一两个短剧剧本，她希望日本一位很有名的作家能够为她量身创作。这位作家学贯古今，文笔风趣，但他的脾气很古怪，一般人的约稿经常被他拒绝。

这位明星打电话给她的朋友，请教该怎样向他开口提出要求。

"你究竟打算请他写些什么短剧呀？"

"我希望他替我写男女别恋，不过要有新的内容，不要以前的故事。"

"这样很好，他以前写过不少这类的东西，你只需说知道他写过这些剧本，十分崇拜他就行。"

过了两天，这位明星给她朋友打电话，很高兴地说："他不等我提出要求，就答应替我写两出短剧了。"

她朋友说："你们晚餐时，你一直在谈论他过去那些得意之作，是吗？"

"你猜得对，我主要是讲他的作品在台湾地区如何受人喜爱。"

这位女明星运用的是人际交往中的迎合别人兴趣、投其所好的艺术。

闭上眼睛回想一下，无论我们是求人办事也好还是向人推销产品也好，是不是摸清楚他的喜好，然后有针对性地去做，这样就比较容易办成事情？

比如，我们创业需要融资，想从一个有钱人手里拿到大笔的资金，而他又是出了名的"性情古怪"，如果从正常的程序谈判、协商，可能会花费大量的精力和时间，并且一无所获。

但是，如果我们能够找到他的兴趣喜好，恰到好处地投其所好，赢得他的欢心和喜爱，此时，再拿出早已经准备好的计划书或者策划方案，他就会高高兴兴地帮我们提供资金。

如果他喜欢古董，我们就送上罕见有品位的古董珍品；如果他喜爱字画，我们不妨带上传世名作作为见面礼；如果他喜欢踢足球，我们不妨效法——高俅，投其所好，获取"高官"；如果他喜欢饮酒作乐，我们就顺水推舟陪他喝个够。

投其所好的关键是要了解其所好是什么，只有抓住了别人的所好，才能让别人高兴，才能掌握交际的主动权。这样对方才能对你有比较深的印象，才能视你为自己人，最后你就可以轻而易举地实现你的办事目的。

心理暗示，让他按你的意愿做事

有这么一种戒烟电话，当一个人烟瘾上来难以抑制时，就可以拨打它，然后就会听到难听的气喘声和咳嗽声。这就是在暗示你，如果不戒烟，下场也会是这样！这种暗示，往往比大堆的说教还要有效，也许是因为给人的感觉很直接吧。

那么，人为什么会接受别人的暗示呢？难道人们没有所谓的主见吗？

人格心理学家告诉我们，任何人的判断，都是由人格中的"自我"部分，综合了个人需要和环境限制之后而做出的。这样的决定和判断，我们称为主见。

一个"自我"比较发达、健康的人，是比较有主见的。但是，我们知道，人不是神，世上并没有万能的和完美的人，任何"自我"都不可能在所有情况下都正确。这就导致了完全有主见的人是不存在的。

正是"自我"在客观上的缺陷，为别人的心理暗示、说服他人留出了空白，提供了机会。

《三国演义》中有一段"望梅止渴"的故事，讲曹操有一次率兵马远途跋涉，天气炎热，官兵们又累又渴，偏偏又找不到一口水井或一条溪水。于是曹操对士兵们说："前面山上有一片梅林，马上就要吃上梅子了，到时就不渴了！"

梅子是酸的，人们一提到"酸"，就会分泌大量唾液，这样就可以暂时解渴。士兵们听到曹操说有梅子，一下在嘴里分泌了许多唾液，感到不那么渴了，也来了精神，不自觉地加快了脚步。

在这里，曹操就巧妙地使用了心理暗示。

在生活中，有许多因为心理暗示的作用，而对人产生重大影响的情况。

一位老师认真、温和地对一个成绩不好又调皮捣蛋的学生说："老师早就看出来你是一个很聪明、听话的好孩子，只要你努努力，你就能考上好大学。"这个学生受到了"聪明、听话、能考好"的心理暗示，真的开始认认真真努力学习，最后考上了梦想的学校。

一名运动员，他的成绩已经非常接近世界纪录了，这时，他的教练在旁边轻轻暗示道："你能行，你一定能得第一！"这一暗示，激发了他全部的潜能，使他发挥到最好，在比赛中真的得了第一。

因此，当你想让对方为你做成某件事时，你可以借助于心理暗示之术。你不妨预先为他设想并表达出做成这事后会得到哪些美好的东西，让他不自觉地按照你所说的，在头脑中勾画出一幅激动人心的画面。这个画面就会对他构成一种有力的心理暗示，为他提供动力，提高他抗打击、抗挫折的能力，保持其旺盛积极的劲头，从而完成你要他做的事。

第 7 章
以心观心,交际事半功倍

社交高手必善体察人心

在我们生活的这个世界上，无论哪行哪业，只要存在着人与人之间的交往，就离不开对人的心理的体察。政治家往往是揣摩心理的高手，而商人为了得到顾客的欢心则更是绞尽脑汁。即使是我们普通人，大到为了成就一番事业，小到为了更好地与人展开交往，也都要对人的心理基本规律有一个基本的掌握。

然而，人的心理是一个非常精细微妙而又复杂多变的东西。说它精细微妙，是指它深藏于人的内心之中、潜伏于各种假象之下，变化细微而令人难以察觉。而且，在许多时候，某种心理感受不仅外人难以把握得住，就连这个人本人可能也不很明白。

比如说"第一印象"这个概念，其实它完全是凭借一个人的主观感觉，没有人能说得清为什么在对对方的情况缺乏任何了解的情况下就会产生某种好感或恶感。但是，"第一印象"在人际交往中却往往具有至关重要的作用，有时甚至能决定人的命运。

此外，人的心理又是复杂多变的，即它始终是处于一种瞬息万变的状态，其变化的原因及作用机制很难被我们清楚地掌握。

很多人之所以在社交中吃亏上当或者无所作为，很多时候是因为对人的心理的理解是比较单一的。他们看不到人在不同的环境之下可能会有不同的心理表现，产生不同的心理感受。他们往往把复杂的、多样化的心理活动简单化、单一化，用同一种方式去应对不同的情况和不同的人，不懂得根据对方的心理变化来调整自己的语言和行动。

由于他们不懂得顺应对方的心理、争取对方的好感，就不能够利用对方的心理获得对方的支持。这种以不变应万变的心态，就好像是要用一把钥匙打开所有的锁。这一点事实上就连对门锁有着精深了解的神偷也做不到。

因此，如果你不能学会了解人、体察人心，那么就不可能改变自己不尽如人意的社交现状。只有熟悉和掌握他人的心理变化，才可以根据他人的心理变化，因势利导，化害为利，在人际关系网中如鱼得水。

善察人心，交际一点也不累

你能看穿别人的心思吗？

你能猜透别人的心语吗？

你能探明别人的心意吗？

你能突破别人的心理防线吗？

……

这一切都需要你有识别、洞察别人心理的能力。只有了解、洞察了别人的心理，才能在交际中做到知己知彼，减少摩擦和误会，消除冲突和分歧，把握交际主动权，实现双赢的交际局面。

很多人在心理上往往还有这样一个误区，即认为体察别人的心理变化是"琢磨人"，是一件不光彩的事情。这其实是一种托词，用以掩盖自己的懒惰和无知，因为体察人心毕竟是一件很费时费力、费头脑的事情。至于说体察人心是一件不道德的事，就更站不住脚了。事实上，古今中外的伟人大多是体察人心的行家，精于了解他人心理，构成了他们伟大魅力的一部分。

人与人的交往是心与心的沟通和较量，为人处世更难免演绎成一场又一场的心理博弈。谁能看穿对方，看懂人心；谁能知己知彼，应用正确的心理策略，谁就能在人际交往中占据有利位置。

在人际关系这场心理博弈中，谁读懂了对方的心事，谁就能出奇制胜；谁掌握了对方的心思，谁就能占据主动；谁赢得了对方的心，谁就能获得自己的圆满人生。

尽管人际关系纷繁复杂，每个人的交往心理动机、要求和期望差别很大，但仍然有其共同的心理特征、心理期望、心理原则。

找到这些共同的心理特质，细加分析，采取相应的心理策略，调整自己的社交言行，就可以减少自己在社交中的失误，并能够在社会上游刃有余地与各种人进行交往。

听其言，观其行，察其心

心有所思，口有所言。通过语言这个窗口，可以窥视人的内心世界，而社交正是在不同思想支配下的语言交锋。因此，通过语言把握对方思想活动的脉搏，自然是获取人际交往胜利的关键。与察言同样重要的还有观色，考察对方的举止神态，有时能捕捉到比语言表露得更为真实的微妙思想。因为许多举止神态的变化都是下意识的。在某一瞬间，它们可能完全不受主观意识的控制。

心理学研究证明，外界事物对人大脑的刺激，往往会使人体内部某些相应组织的机能在一个短时间内出现异常现象。也就是说，人的喜怒哀乐，不仅是通过口头语言，在更多情况下是通过人的肌体来表现的。

另一方面，由于个性差异，每个人的思想和感情的流露，又多包含在一种与众不同的习惯性动作、神态当中。在交际过程中，善于从两个方面洞察对方，那么，你就算成功了一半。尽管心理学为我们揭示了人的思想感情活动在人的肌体上的一般特征，但是，仅仅了解这一点，就想在社交中准确无误地把握对方，显然是不够的，还应当通过观察分析一个人的言谈来了解他的内心思想。

人们的言与色有时是简单外露的，对它的体察是容易的；有时是复杂隐蔽的，对它的体察就比较困难。一般来说有以下几点应注意。

首先，性格定向和语言定位。社交中的察言观色，说到底是对对方言谈举止、神态表情的微妙变化及其含义进行捕捉和判断，是一个"由表及里"的过程。

性格定向和语言定位，是这个过程的第一步。

性格定向就是通过对其表情、言语、举止的观察分析，掌握其性格类型。你可以甩出一两个对方很敏感的问题，静观一下他的反应方式和程度。值得注意的是，这种观察一定要细致入微，千万不要因为对方看上去似乎毫无反应，就断定他是傻瓜。正如看了悲剧，有人流泪，有人木然，你不能说木然的人就没有被感动。在摸透了对方性格类型之后，就要设法捕捉最能反映他思想活动的典型动作和典型部位，也就是"语言点的定位"。眼、手、腿、脚，身体每一部位的肌肉，都可能是"语言点"的所在。

有些现象的含义人们是很清楚的。如腿的轻颤，多是心情悠然的表现；双眉倒竖，二目圆睁，是愤怒的特征；而微蹙眉头，轻咬嘴唇，则是思索的含义。另外还应该特别注意对方的手，尽管许多人可以巧妙地掩饰许多东西但还是存在一些普遍性的动作。如愤怒时握紧双拳，或是将纸烟、铅笔之类的东西捏坏，甚至可能两手发颤；兴奋紧张时，双手揉搓，或者简直不知道该把手放在什么地方；思索时，手指在桌面、沙发扶手、大腿等地方有节奏地轻敲，等等。

其次，抓住"决定性瞬间"。任何一个人，对自己神情的掩饰，都不可能达到绝对的滴水不漏。关键问题是，你在对方错综复杂的神情变化中，能否准确判明哪一个变化是有决定性的。对于机智的人来说，其弥补失误的本领也是异常高超的。他不可能让你长时间地洞悉到他的破绽。因此，时机对你非常宝贵。至于究竟什么才是这种"决定性瞬间"的具体显现，怎样才能将其判明并抓住，那只能具体情况具体分析，凭借你的经验和感觉来定夺，无固定模式可循。

最后，主动探察。察言观色，不能理解为被动式的冷眼旁观。事实上，主动进攻，采用一定的方式、手段去激发对方情绪，才是迅速、准确把握对方思想脉络的最佳途径。

巧妙攻破对方的心理防线

与人交往时最大的一个难题，就是如何才能攻克对方的心理防线，消除对方由于对你的诚意表示怀疑而产生的戒备。否则，这道防线将像一堵墙，使你的话说不到他的心里去，甚至产生反感。

那么，如何才能攻破对方的心理防线呢？具体说来，有以下几种方法：

1. 利用同步心理

同步心理就是，凡事想跟他人同步调、同节奏，也就是"追随潮流主义"，是那种想过大多数人向往的生活、不愿落于潮流之后的心理。

所以，推销员或店员经常会搬出"大家都在用"或"有名的人也都用"等推销话语，促使人们毫不犹豫地接受。

2. 利用逆反心理

如果在说服对方的时候，劈头就说"你这样做不对"，对方一定会反感地说："不，我绝对没有错。"但如果采取让步的姿态说"也许我也有错"时，对方的逆反心理也许就会产生作用，他会说："不，没那回事，其实我也有错。"如果说"你确实是不对的"这样的话，通常会使对方产生一种潜在的反感心理，而当对方有了这种心理时，就只能放弃求他的念头了。

3. 利用对方的危机感

在一定的条件下，每个人都会产生某种危机感，这种意识使他心生恐惧，并由此激发出强烈的要求上进的愿望。如果你能把握住他的这种危机感，就能有针对性地采用相应的对策。

在与人交流中，如果你能洞悉他的内心，巧妙地刺激对方的隐衷，使他内心的想法完全暴露出来，就能找到他的危机感。这个危机感就是你说服他的一把利器。

细微处入手，润心细无声

了解他人的心理不仅要抓住对方大致的心理波动，而且要于细微之处下功夫，利用细小的刺激来影响特定情形下的心理，使自己的话语既实现"润心细无声"的效果，又有极强的针对性。

1971年7月29日，基辛格率代表团秘密访华，进行打破中美中断20年外交僵局的谈判。来华前，尼克松总统曾不止一次为他们设想这次会谈的情形，以为中方会大拍桌子叫喊"打倒美帝国主义"，勒令他们退出中国台湾，滚出东南亚。为此，基辛格一行非常紧张。

但事实出乎他们的意料。周恩来总理在钓鱼台国宾馆亲切会见了他们。周恩来总理微笑着握着基辛格的手，友好地说："这是中美两国高级官员二十几年来第一次握手。"当基辛格把随行人员——介绍给周恩来时，他的话语更出乎他们的意料。他握住霍尔德里奇的手说："我知道，你会讲北京话，还会讲广东话。广东话连我都讲不好。你是在香港学的吧！"又对斯迈泽说："我读过你在《外交季刊》上发表的关于日本的论文，希望你也写一篇关于中国的。"最后他握住洛德的手："小伙子，好年轻，我们该是半个亲戚，我知道你的妻子是中国人，在写小说。我愿意读到她的书，欢迎她回来访问。"

周总理简短的欢迎词里蕴含了高超的言谈技巧。他认识到基辛格一行的紧张心情，在严肃的外交场合，他有意淡化了政治角色，而是抓住细微之处，拉家常似的，对其语言才能、论文、家庭成员进行了一番巧妙的褒扬。这些话既亲切又得体，缓解了对方的紧张情绪，使对方对中国领导人顿生敬意，同时认识到中国人民的友好态度，真是一箭双雕。

周恩来总理能做到这一点，是事前大量细心准备的结果。他先对基辛格一行的工作、生活资料做了一定的了解，准确地找出他们在外交场合一般不为人所提及的细小之处，同时对他们来华的心理做了大致分析。这样才会有外交场合出色的表现，亲切的言辞。

人的心理有相对稳定的一部分，但也有不稳定的部分，往往随气氛和场合的变化而变化。细心的人就非常善于捕捉对方此时此地的心境，予以适当的激励。

元旦晚会上，大家都兴高采烈，有说有笑，台上节目精彩纷呈。在角落里，只有小王一个人闷不做声，心事重重。这时主持人发现了他的变化，心想："小王平时表现挺积极，做事挺热情，今天怎么了？"他又想到小王是新来的学生，可能想以前的同学、朋友了。他就对大家说："小王是这学期刚转到咱们班的。平时各方面表现很积极，与同学关系也很融洽，我们现在就像是一家人了，共欢乐、共进步。现在，让小王为我们唱支歌，好吗？"小王听了这番话，被深深感动，感到了新班集体的温暖和凝聚力，很快就与大家融在了一起。

上文中的主持人是很细心的人，善于观察他人心理的细微变化，并用赞美、鼓励的话解开其心中的不快。

利用共性心理，敲开他的心门

尽管人的心理千差万别，但还是有一些共同的心理特质。心理学家通过大量的调查研究，总结出以下一些人们共同的心理特征——

你很需要别人喜欢并尊重你。

你有自我批判的倾向。

你有许多可以成为你优势的能力没有发挥出来，同时你也有一些缺点，不过你一般可以克服它们。

你与异性交往有些困难，尽管外表上显得很从容，其实你内心焦急不安。

你有时怀疑自己所做的决定或所做的事是否正确。

你喜欢生活有些变化，厌恶被人限制。

你以自己能独立思考而自豪，别人的建议如果没有充分的证据你不会接受。

你认为在别人面前过于坦率地表露自己是不明智的。

你有时外向、亲切、好交际，而有时则内向、谨慎、沉默。

你的有些抱负往往很不现实。

……

这是心理学家用一段笼统的、几乎适用于任何人的话。

如果有个"心理学家"这么对你说，你就会衷心地佩服他，觉得他说的就是你自己，是那么回事。此时，他已经踏入你的心门，不管后面他接着说的是什么，你都觉得他说的对，认为自己应该听从他的指导。

心理学的研究揭示，人很容易相信一个笼统的、一般性的人格描述特别适合自己。即使这种描述十分空洞，他仍然认为反映了自己的人格面貌。心理学上将这种心理倾向称为共性心理。

我们在日常的交往中，为什么不利用这种共性心理推进交往呢？

小王认识了一个女孩丽丽。丽丽给人的第一感觉就是精神奕奕，穿着大方整洁，见人先笑，举止得体，也很健谈。一个很正常的小白领就是这样。

在相处一段时间后，小王对丽丽说：

"你外表看起来很外向，很随和。实际上你的内心很刚强，你对问题有自己的看法，别人如果没有充足的理由很难说服你。你是外柔内刚的。"

"你看起来很健谈，很爱交际。实际上在你的内心，你需要的是一片属于自己的净土，有时你会一个人安静地待着做自己喜欢的事。"

"你知道要面对现实,要生存。但是有时候你又控制不住自己爱幻想一些美好。"

"你有时候会不太确定自己想要的是什么,自己为什么活着,未来的路究竟怎样?但是一旦你确定了目标,你就会努力去争取实现……"

这其实是一件穿在许多人身上都合适的衣服。

而当小王对丽丽说这些话的时候,丽丽简直惊呆了,丽丽说小王是第一个在这么短的时间内就如此了解她的人,有些人和她在一起一两年也没能这么清晰地明白她。丽丽立刻对小王佩服得五体投地,觉得他就是自己的好朋友、知己。

其实,小王并没有太注意去听,去分析丽丽说的具体内容,他只是运用了人们的这种共性心理,给丽丽穿了件漂亮的均码外衣。

在后来的交往中,丽丽一直都很尊重小王,遇到问题总会认真听取小王的意见,小王偶尔有事要丽丽帮忙,丽丽会特别高兴,觉得很荣幸能为小王做事。

通过对方的外貌、神态、言行举止,尤其是他所说的话语内容,在心中对对方有一个初步的认知判断。然后运用这种一般的、笼统性的语言描述,让他突然眼睛一亮,觉得你说的就是他,说得简直太对了、太准了,立刻对你十分尊重。你再说什么,他都会很重视,非常乐意听你说的话。因此,在人际交往中,我们要善于利用人们的共性心理,以便快速敲开他的心门,突破交际的困境。

"假如我是他……"

每当与他人相处时,我们何不问自己一声:"假如我是他,我现在的心境怎样?我最需要的是什么?"

现实中,由于每个人的立场不同、所处的环境不同,对同一个问题的看法和处理态度也会有所不同。

有则小故事是这样说的。在一个农场大仓库里,住着一只小猪、一头奶牛和一只小羊。

一天,小猪被主人抓住,大叫起来,猛烈挣扎。奶牛和小羊听着这撕心裂肺的叫声,非常讨厌地说:"主人常常抓我们,也没见我们大呼小叫,瞧你喊得,犯得着吗?"

小猪涨红着它的脸,气急败坏地说:"他抓你们,是要你们的奶和毛,但是抓我,就是要命呀!"

每个人都是一个独立的个体,总习惯于站在自己的角度去看待外在的问题。即使是关系十分亲密的夫妻,也常常会出现不能运用移情效应换位思考的现象。

妻子正在厨房炒菜。丈夫在她旁边一直不停地唠叨:"慢点,小心,火太大了,赶快把鱼翻过来,快铲出来,油放太多了,把豆腐整平一点,哎呀,锅歪了……"

"住口,"妻子脱口而出,"我懂得怎样炒菜。"

"你当然懂得,太太,"丈夫凝重地看着她说,"我只是想让你知道,我在开车时,你在旁边喋喋不休,我的感觉如何。"

那么,真正的移情效应是什么呢?是一位智者说的四句话。

第一句话,把自己当成别人。在你感到痛苦忧伤的时候,就把自己当成别人,这样痛苦自然就减轻了;当你欣喜若狂之时,把自己当成别人,那些狂喜也会变得平和一些。

第二句话,把别人当成自己。真正同情别人的不幸,理解别人的需要,而且在别人需要帮助的时候给予恰当的帮助。

第三句话,把别人当成别人。充分尊重每个人的独立性,在任何情形下都不能侵犯他人的核心领地。

第四句话,把自己当成自己。因为你爱别人,所以你要爱自己。

真正按照这四句话去做,体会别人的感受,明白别人的所需,并恰当地给予,尊重别人,让他感受到你的关心,你的真诚，你的心意，双方才能建立真正的感情。

有时我们以为别人遇到了痛苦的事，我们就该安慰他，抚平别人的创伤。然而，实际情况却并非如此简单。

倩倩的丈夫突发心脏病去世，料理完丧事，她疲倦且悲伤地回到家后，就开始面对亲友日复一日的关心询问："他是怎么死的？""你怎么没有及时呼救？""之前你们夫妻吵过架吗？""天哪，怎么会发生这样的事！"还有"你要母兼父职，好好照顾小孩"的训诲。

这些人的出发点当然是关心，但对处于情绪低潮的她，却造成重大的伤害。后来她看到"来人"，就害怕起来。"我最需要的，是沉默的体谅，但却没有人给我。"

很多时候，人们需要的不是说教和指导，而是轻轻的拥抱、默默的支持、深情的眼神。人们需要心的体会，而不是嘴上的感叹。

我们人类是有感情的动物，具有七情六欲，具有理解他人、感受他人情感的能力。

在我们的日常交往中，真正的移情是从内心深处站到他人的立场上去，多体谅别人的心境，这是人际交往中要把握的一个重要准则。

关系的和谐来自心灵的默契

"蜡炬成灰泪始干",蜡烛会流泪吗?

这是李商隐怀着痛苦悲切的心境,看到蜡炬燃烧完了自己成为灰烬后才停止滴油的情景,感到蜡炬也在哭泣流泪,直到生命的终结热泪才会干涸。

"感时花溅泪,恨别鸟惊心。"花会流泪吗?鸟会心惊吗?

这是作者杜甫在目睹了百姓因为安史之乱而流离失所的处境和长安失陷后整个国家的荒凉景象后,产生的一种忧虑、悲哀的心境。

他怀着这种心境来看花,就自然而然地把自己的感情转移到了花上,花溅泪实际上是他的心在滴泪,这时鸟儿的鸣叫也会让他心惊,于是有了恨别鸟惊心的感情转移。

"一切景语皆情语也",一切描写景物的语言都是作者感情的转化表述。

云能飞,泉能跃吗?我们却常说云飞泉跃。山能鸣,谷能应吗?我们却常说山鸣谷应。

这种心理活动通常叫做移情作用，或者称为"移情效应"，就是把自己的情感移到外物身上，仿佛觉得外物也有同样的情感。

在人际交往中，我们也可以运用移情效应来增进双方的感情，促进交往的进程。具体说就是换位思考，将心比心，去理解别人的想法和感受，从对方的立场来看事情，以别人的心境来思考问题。

古希伯来有一个国王叫所罗门，是个令后世敬仰的"明君"。关于他有一个广为流传的故事。

一次，在国王办公时，有一对老夫妇闯进来，老翁讲他想要离婚，所罗门问："为什么？"老翁讲出了若干个理由。所罗门边听边点头，最后说："是的，你是对的，你们应该离婚。"

话音未落，老妇人强烈反对，说绝对不同意离婚。所罗门问她理由，她的"理由"比老翁还要充足。所罗门同样边听边点头，最后说："是的，你是对的，你们不应该离婚。"

这时，国王身边的大臣见国王如此断案，忍不住站出来反对说："大王，你不应该这样断案，你这样断案是不对的。"所罗门同样边听边点头，最后说："不但他们是对的，你也是对的，确实没有如此断案的，尤其是作为一个国王。"

这个故事启示我们，在交往中，很多时候需要把自己设想成别人，去体会他们的内心感受，去理解他们真正的想法，以他们的角度考虑问题。

与人交往，要用心体味他人的心思，体谅他人的处境，在心与心的交流、彼此情感的碰撞中，达成双方心灵的默契、关系的和谐。

像感受自己一样去感受他人

在人际交往中，我们要学会换位思考，站在对方的角度来思考问题。一个人只有具备习惯于换位思考的素质，才能去理解平时所无法理解的东西，而对方也才感觉到自己被尊重了。这样，人家才愿意与你交流与沟通。

美国的开国元勋杰斐逊有一句名言："也许我不同意你的观点，但我一定举双手维护你说话的权利。"

有时我们以为别人遇到了痛苦的事，我们就该安慰他（她），这样就会抚平别人的创伤。而实际情况却不一定那么简单。

在生活中，我们有时很想帮助别人，但是帮助别人只有好心是不够的。我们还需要一定的生活阅历和体谅别人的能力。即使安慰也是需要技巧的。有时我们太急着给人我们的观念、判断和看法，却忘了输送真正的温暖；太急于知道自己想知道的，却忘了别人的伤口还没好。

换位思考不但需要转换思维模式，还需要一点好奇心来探求他人的内心世界。

真正的换位思考必然是一个"移情"的过程，要从内心深处站到他人的立场上去，要像感受自己一样去感受他人。但不幸的是，许多人的换位思考却缺少了"移情"这一个根本要素。他们或是站在自己的位置上去"猜想"别人的想法及感受，或是站在"一般人"的立场上去想别人"应该"有什么想法和感受，或是想当然地假设一种别人所谓的感受。这样的换位思考，其实仍局限于自己设定的小圈子之中，绝对无法体验他人真正的感受和思想。

与人交往，我们要懂得"移情"，把自己设想成别人，去"理解"对方的想法、感受，从对方的立场来看事情，以对方的心境来思考问题。很多时候，甚至需要暂时抛开自己的切身利益，去满足别人的利益。其实，利益在很多时候是互相关联的，你能考虑别人的利益，别人也会考虑你的利益。

一只"心眼",看出对方的闪光点

人无完人,每个人都有自身的优点和缺点,在个人成长的过程中,或许有一些明亮的光点和灰色的污点。在人际交往中,我们要多用心观察,真心体会,尊重、信任、关爱他人,发现他身上的闪光点、优秀品质,真诚地和他交往。

不能只看到他暂时的平庸或困境,而忽视其未来的发展潜能,瞧不起、歧视他。不能心存偏见,因为一些性情上的瑕疵就全面否定他,甚至给他打上坏人的标签。

有时候眼睛会欺骗我们,让我们一叶障目,只看到他人的平凡,看不到他人被平凡包裹着的光芒四射的潜能。就像山谷中的一颗石头,外表普通,内中或许就包藏着宝石。而我们大多数人却永远也看不见。

千里马尚需伯乐来发现。一个现在没有钱的穷小子,也有可能经过努力和某些天赐的机遇,而成为富豪。他身上所具备的那份潜能、那份品质,执着、勇敢、乐观、雄心、宽容和爱,你是否能看见?一个丑小鸭的美丽动人,你又能否看得见?

在与人交往中,我们要善于发现他人身上的可取之处、可学之处、可用之处。

我们可以从学识渊博的学者、教授身上学到丰富的知识、独特的思维方式、科学的研究方法、实用的解决问题方法。

我们可以从商人身上学到精湛的经商之道、做人之法。

我们可以从一个普通的青年身上感受到对国家的热爱和忠诚。

我们可以在一个卖饼老人身上看到善良、忠厚和真诚。

我们更可以在一个赌徒、酒鬼、浪子身上发现卓越的文学才能、治国能力或者经济、军事才干（丘吉尔首相曾经酷爱喝酒和赌博）。

在我们的人生中，重要的是能够有一只"心眼"，透过平静的湖面，看到下面的波涛汹涌，透过凝结的火山口，看到内藏的烈焰涌动。与人交往，要多有一只"心眼"，看透他人内心深处，捕捉他人内心和身上的闪光点，这样我们就可以交到更多的朋友，人际关系就会更加融洽、通畅。

第 8 章

做人讲分寸，才能赢在恰到好处

逾越极限,交际适得其反

1944年,罗斯福第四次连任美国总统。

一位记者采访他,请他谈谈感想。总统微笑着没有回答,拿起了一块三明治,很客气地请记者吃。记者受宠若惊,十分愉快地吃了下去。

罗斯福继续微笑着,又请他吃第二块。他肚子已经饱了,但盛情难却,又吃了下去。不料总统又请他吃第三块。他实在不需要了,但还是勉强吃了下去。没想到,罗斯福在他吃完之后又说:"请再吃一块吧!"记者一听啼笑皆非,他已经有要呕吐的感觉了。

罗斯福说:"现在,你不需要再问我的感想了,因为你自己已经感觉到了。"

俗话说:"好菜连吃三天惹人厌,好戏连演三天惹人烦。"哪怕是当总统也不例外。可是为什么会这样呢?当总统是多少人梦寐以求的事情呢,怎么也会厌烦?关于这个问题的答案,我们可以先来看个故事：

俄国作家克雷洛夫写过一篇著名的寓言，叫《杰米扬的鱼汤》。大意是：杰米扬十分好客，有一天，一位朋友远道来访，杰米扬非常高兴，亲自下厨烧了最拿手的鱼汤来招待朋友。朋友喝了第一碗，感到很满意，杰米扬劝他喝第二碗，第二碗下肚，朋友有点嫌多了，但觉得还能接受。可杰米扬没有觉察，仍然一个劲地"劝汤"，第三碗、第四碗……朋友终于忍无可忍，丢下碗拂袖而去。

这个寓言故事也正是上面问题的答案：做任何事情都不能超过限度。鲜美的鱼汤无疑是佳肴，但过了量，就会适得其反。

古希腊哲学家德谟克利特说过这样一句名言："当人过度的时候，最适意的东西也会变成最不适意的东西。"这种刺激频率过多，强度过大和作用时间过长而引起心理不耐烦或反抗现象称为"超限效应"。

当逾越了极限的时候，不管多么美妙的事物都会令人厌烦。做人做事也是这样，过度的追求很容易让自己掉入人际烦恼的漩涡，不仅伤害别人，也给自己带来伤害。比如，过于要求别人，就会让人产生反感，直到疏远你；如果只顾自己说话，不顾别人感受，不让别人有表达的机会，就会使交谈无法进行下去。所以，与人相处，说话做事，你一定要清楚临界点在哪里，任何时候都要注意不要做过头。

直言直语，伤人又伤己

"烦死了，烦死了！"一大早就听张宁不停地抱怨，同事皱皱眉头，不高兴地嘀咕着："本来心情好好的，现在什么情绪都没有了。"张宁现在是公司的行政助理，事务繁杂，是有些烦，可谁叫她是公司的管家呢，事无巨细，不找她找谁？

其实，张宁性格开朗外向，工作起来认真负责。虽说牢骚满腹，该做的事情，一点也不曾怠慢。设备维护，办公用品购买，交通费，买机票，订客房……张宁整天忙得恨不得长出8只手来。再加上为人热情，中午懒得下楼吃饭的人还请她帮忙叫外卖。

刚交完电话费，财务部的小黄来领胶水，张宁不高兴地说："昨天不是刚来过吗？怎么就你事情多，今儿这个、明儿那个的？"抽屉开得噼里啪啦，翻出一个胶棒，往桌子上一扔，"以后东西一起领！"小黄有些尴尬，又不好说什么，忙赔笑脸："你看你，每次找人家报销都叫亲爱的，一有点事求你，脸马上就长了。"

大家正笑着呢，销售部的阿绮风风火火地冲进来："张宁，你去看看吧，复印机卡纸了！"张宁脸上立刻晴转多云，不耐烦地挥挥手:"知道了。烦死了!和你说一百遍了,先填保修单。"单子一甩,"填一下,我去看看。"张宁边往外走边嘟囔:"综合部的人都死光了,什么事情都找我!"对桌的小李气坏了:"这叫什么话啊?我招你惹你了?"

态度虽然不好,可整个公司的正常运转真是离不开张宁。虽然有时候被她抢白得下不来台,也没有人说什么。怎么说呢?她不是应该做的都尽心尽力做好了吗?可是,那些"讨厌""烦死了""不是说过了吗"……是让人不舒服。特别是同办公室的人,张宁一叫,他们头都大了。拜托,你不知道什么叫情绪污染吗?

年末的时候公司民意选举先进工作者,大家虽然都觉得这种活动老套可笑,暗地里却都希望自己能榜上有名。奖金倒是小事,谁不希望自己的工作得到肯定呢?领导们认为先进非张宁莫属,可一看投票,50多份选票,张宁只得12张。

有人私下说:"张宁是不错,就是嘴太厉害了。"

张宁很委屈:我累死累活的,却没有人体谅……

像张宁这样,工作上努力,不辞辛劳,却得不到别人的肯定,就是因为她"直言直语"的性格造成的。原本到手的功劳,却只因口头逞一时之快,说话直来直去,说者无心,听者有意。结果就前功尽弃,埋没了自己的心血。

其实,"直言直语"是人性中一种很可爱、很值得大家珍惜的特质,因为唯有这种直言直语的人,才能让是非得以分明,让美和丑得以分明,让人的优缺点得以分明。只是在人际交往中,"直言直语"却给这种性格的人以致命伤。

喜欢"直言直语"的人说话往往只看到现象或问题,只考虑到自己的"不吐不快",而不去考虑旁人的立场、观点、性格。他的话直指核心,让当事人不得不启动自卫系统,若招架不住,恐怕就怀恨在心了。所以,直言直语不管是对人或对事都会让人受不了,于是人际关系就出现了阻碍。别人不能离你远远的,那就想办法把你赶得远远的,眼不见为净,耳不听为静。

直言直语是一把伤人又伤己的双面利刃,而不是披荆斩棘的"开山刀"。有这种直言直语个性的人应注意自己的说话方式,不能只顾着自己的性子,与人交谈尽量把话说得委婉和气一些。委婉的话语总是更容易让人接受,更有利于增进人际关系。

所谓会说话,就是讲分寸

与人相处,交谈说话,要把握好分寸。分寸拿捏得好,很普通的一句话，也会平添几许分量，话少又精到，给人感觉深思熟虑。而说话的分寸取决于你谈话的对象、话题和语境等诸多因素。换句话说，要言之有度。

有度的反面则是失度，什么叫做失度呢？一般说来，信口开河，直言直语，或是出言不逊，当众人之面揭人短处，或该说的没说，不该说的却都说了。这些都是"失度"的表现。说话失度，就会产生不良效果，在无形中伤害别人，引起别人的不快和忌恨，进而给自己带来麻烦，妨碍正常的人际交往。

在交谈中，每说一句话之前，都要考虑一下你要说的话是否合适，不要口无遮拦，想说什么就说什么，给他人造成不快。

许多人不喜欢别人问自己的年龄，尤其对女性而言，年龄是她们的秘密，不愿被人提及。对婚恋等涉及个人的一些私人问题的询问通常也是不合适的。

除非是亲密的朋友，否则最好不要对个人的卫生状况妄加评论。如果某人的肩膀上有很多头皮屑或口中很难闻，或者拉锁钮扣没系好，请尽量忍耐不去想。如果你直接告诉他，特别是在人比较多的场合，很容易让对方处于尴尬的境地。

在社交活动中，应克制自己，把握交谈的分寸，不要随意打听、干涉别人的隐私，评论他人的是是非非。不要无事生非，捕风捉影，也不要东家长，西家短，更不要传小道消息，把芝麻说成西瓜。说话要有事实根据，不能听风就是雨，随波逐流。

西方有位哲人说过："世间有一种成就可以使人很快完成伟业，并获得世人的认可，那就是讲话令人喜悦的能力。"可见掌握语言的技巧和说话的分寸是多么的重要。一个人只有掌握了语言的技巧和说话的分寸，才可以在与人打交道的时候受人欢迎、讨人喜欢，建立融洽的人际关系。在社交活动中，应当尊重人，温文尔雅，注重说话的分寸，讲究语言美，这样你就能赢得更多的知心朋友。

语言"障眼法"，交际润滑剂

魔术大师的戏法谁都知道是假的，可人人爱看，乐意接受他那块罩眼布。人情关系学认为，要注意尊重他人，即使是指责，有块遮羞布，对方也容易接受。大家避免了难堪，才可能有戏法可变，其实谁都心知肚明。人际交往中，这样的场合很多。

1. 难以启齿的话，要用机智与笑话的"糖衣"包起来

想必你在日常生活中也一定会遭遇必须讲一些难以启齿的话。这种时候，如果直接说"实在伤脑筋""这样很麻烦"，很

可能引起对方的反感，或者给予对方不快感。如用夹杂机智与幽默的话来表达这些难以启齿的话，对方也许会一笑置之，既不伤害对方，说的人心理负担也比较轻。

2. 警告别人时不要指出缺点，而要强调如果纠正过来会更好

有位棒球教练在纠正选手时，不说"不对，不对"，而说"大致上不错，但如果再纠正一下……结果会更好"。他并非否定选手，而是先加以肯定再修正。也就是说先满足对方的自尊心，然后再把目标提高。如果只是纠正、警告的话，只有徒然引起选手的反感，不会有任何效果可言。

3. 不小心提到对方的缺点时，要加上赞美的话

想必每个人都曾不小心说话伤到对方或对对方不礼貌。话一旦说出来就无法挽回，当场气氛就不好了。这种情形大多是连忙辩解，或者换上温和一点的措辞，这实在不是好方法，因为对方认为你心里这么想才会出言不逊。这种时候不要去否定刚才说出来的话，要尽量沉着，若无其事地附带说道："这就是你吸引我的地方""但是，你也有什么什么优点，所以表面上的缺点更显得有人性。"

人对于别人说过的话总是对最后的结论印象最深刻，附加赞美的话，对方便认为结论是赞美的，即使前面说过令人不愉快的话，也就不会计较了。

远离说话中的"四忌五疑"

说话技术直接影响着人际关系的状况,与你一生升沉荣辱大有关系,因此不可不知晓和掌握说话中的相关规则。与人说话,需要注意"四忌五疑"。

首先,要规避说话中的"四忌":

第一忌:老于世故的人,对人总是唯唯诺诺,可以不开口,情愿学金人之三缄其口,实行其"庸言之谨"。比方你对他说话,他有隐私的事情唯恐人知,你偏在无意中说着他的隐私,言者无心,听者有意,认为你是有意揭破他的伤疤,他便恨你入骨。

第二忌:他的私事,他极力掩蔽,不使人知。你对他的心思知之甚深,他虽不能断定你一定明白,终是对你十分猜疑。你便处于两难境地,既无法对他表明不知道,也无法表明决不泄露,那你将何以自处呢?你唯一的办法,只有假作不知,若无其事。

第三忌:他对你尚无深切的认识,没有十分信任,你偏力求讨好,对他说极深切的话,即使采用,但试行结果却不怎么美妙，他一定疑心你有意捉弄他；即使试行结果很好，对你也未必增加好感，以为你是偶然看到，实际又不是你的力量，怎好算你的功劳，所以你还是不说话的好。

第四忌：他有错误被你知道，你认为不对，直言劝谏，他本唯恐人知，你却揭破，他自十分惭愧，由惭愧而忿恨，由忿恨而与你发生冲突，你还是不说的好，即使劝告，也以婉转为宜。

其次，要注意说话中的"五疑"：

第一疑：说话真是不易，不该说却率性而言，有时反而引起对方的疑心。你向对方议论他人，你以为是一番好意，他却以为你是有意离间，有意挑起争端，从此对你产生极大的怀疑，心中不愉快，甚或格外与你疏远。

第二疑：你同对方议论某种问题，因为还未能明白他的见解与意向，于是笼统述其大端，以观他的反应，在你不失为审慎办法，谁知他却以为你是词不达意，所见未真，所识未透，一得之论，无当于事，庸碌如此，浅陋如此，还须再读十年书，何必妄论天下事。

第三疑：如果你对于某种问题，自信确有心得，对他畅论一切，旁征博引，不厌其详，你以为可以表现你的学问，引起他的注意，谁知他却以为你是所得芜杂，并无独到之处，至多不过是卖弄学识，哗众取宠。

第四疑：你同对方议论某种问题，为了各种顾忌，只谈原则，不论事实，略示诚意，你以为巧妙，他却以为你是畏首畏尾，不敢直说，有所隐瞒。

第五疑：如果你勇气十足，就事论事，痛陈利弊，极言得失，语气激昂，忠义之气溢于言表，你以为如此必能打动他，谁知他却以为你是性情粗野，缺少涵养功夫，阅历未深，人情未熟，未能顾虑周详。

总之，与人交往，说话要把握分寸，要明确哪些话能说，哪些话不能说。如果由于彼此间的认识没有清楚，你虽然认识他，他没有认识你，单方面的认识，还不是说话的时候，率然进言，总是引起他的疑心，你还是致力于使他彻底认识你的功夫，不要急于说话。这就好比雄鸡司晨，一鸣而天下皆动，但是在黄昏试啼，人家还以为不祥之兆呢！

人际关系中的舍与得

人际关系的好坏对一个人事业的成就影响很大，而每个人也都希望能拥有良好、广阔的人际关系。要建立良好、广阔的人际关系，必须要有舍得的观念。也就是说，有舍才有得。不舍而想得,那种人际关系是相当有限的。

人基本上都是以"自我"为中心的,任何事都先想到"我",都从自己的方面考虑。你这样想,别人也是这样想。也就是说,每个人都把"得"放在心上,挂在眼前。如果双方都不愿意先"舍",那么这份关系便不可能展开!既是这样,我们应当学会主动,先做出"舍",去满足对方的自我,为双方关系的建立迈出第一步。

"舍"的第一个步骤,就是要先"舍"掉你的矜持,"舍"掉你的面子,"舍"掉你的身段,向对方展露和平的姿态。接下来就要有实际的做法了。普通的日常寒暄和打招呼看来没什么,但如果能在变通谈话中加入对对方的关心,那么这人际关系便会慢慢发酵。当然,你的关心不可带有刺探的意味,否则会引起对方的警戒。借题发挥最好,例如从工作谈起,再扩展到家庭、休闲,慢慢地把对方的心窗打开。

但是,光是这样还不够,因为这只能让你建立一份普通的人际关系。你必须再加入某些成分,才能把这份人际关系巩固起来。要学会这么做很简单。首先要抛弃以自我为中心的思想,为对方做些什么!

(1)观察、了解对方的需要,不等对方开口,就先替他做。他不只感谢,还会感到惊喜。

（2）共享你的资源，包括物质的、精神的以及人际的。例如，你可介绍你的朋友给他认识，送他你种的花或你收藏的书，反正只要对方没有而你有的，便可以和他分享。

凡事以他人的利益为先，用你的诚心感动对方，这种"舍"，就会真的换到"得"。但是也不排除某些例外。因为人世间有很多不领情的人。但话又说回来，对这种人，不"舍"又怎可能"得"！

俗话说："一样米，养百样人。"你不必去期待对方是否有善意的回应，但要相信，"舍"是种子，"得"则是收成。有些种子发芽得早，有些发芽得晚，但总会发芽，总会有收成的。总而言之，要建立良好的人际关系，不能坐着等别人"送上门来"，那样就会连门都没有！

我们每个人都曾接受过别人的"舍"而成为别人的朋友。在人际关系中，要争取到"得"就得先学会"舍"。

做事留余地，进退方自如

为人处世，做人做事留点余地，于情不偏激，于理不过头，在追求成功的路上就会进退自如。

传说太阳神阿波罗的儿子法厄同驾起装饰豪华的太阳车横冲直撞，恣意驰骋。当来到一处悬崖峭壁上时，恰好与月亮车相遇。月亮车正欲掉头退回时，法厄同依仗太阳车辕粗力大的优势，一直逼到月亮车的尾部，不给对方留下一点回旋的余地。正当法厄同眼看着难于自保的月亮车幸灾乐祸之时，自己的太阳车也走到了绝路上，连掉转车头的余地也没有了，向前进一步是危险，向后退一步是灾难，最后终于万般无奈葬身火海。

这个故事告诉我们做事要留有余地，不可把事情做绝。人生一世，万不可使某一事物沿着某一固定方向发展到极端，而应在发展过程中充分认识，冷静判断各种可能发生的事情，以便有足够的条件和回旋余地采取机动的应付措施。

某报社的主编交给新来的记者王心一个重要的采访任务，同时，主编告诉他："这件采访工作在实施时存在一定的困难……"。正当主编要详细地向他介绍一下时，王心却拍着胸脯说："没有问题，包您满意。"三天以后，没有听到任何动静，主编便问他采访进展得怎么样？进度如何？他才不得说："不像想象得那么简单。"

虽然主编也知道这个采访不会很轻松，但对王心当时轻易地拍胸脯表态却大有反感，从而对他这个人的能力也产生了怀疑。

生活中有很多事情我们无法预料它的发展态势，也不了解事情的发生背景，此时，切不可轻易地下断言，不留余地，使自己一点回旋余地都没有。

有次，赵刚与同事之间有了点摩擦，很不愉快，便对同事说："从今天起，我们断绝所有关系，彼此毫无瓜葛……"这话说完还不到两个月，这位同事成了他的上司，赵刚因讲过过重的话很尴尬，只好辞职，另谋他就。

因把话讲得太满，而给自己造成窘迫的例子到处可见。把话说得太满，就像把杯子倒满了水一样，再也滴不进一滴水，否则就会溢出来。打满了气的气球，再充就要爆炸。

凡事总会有意外，留有余地，就是为了容纳这些"意外"。杯子留有空间，就不会因为加进其他液体而溢出来；气球留有空间便不会爆炸；人说话留有余地，便不会因为"意外"的出现而下不了台，做事留有余地从而可以从容转身。

我们可以见到一些政府官员在面对记者采访时偏爱用一些模糊语言，如可能、尽量、研究、或许、评估、征询各方面意见……他们之所以运用这些字眼，就是想为自己留有余地。否则一下把话说死了，结果是事与愿违，那该多难堪呀！

总之，办事、说话留有余地，使自己行不至于绝处，言不至于极端，有进有退，以便日后更能机动灵活地处理事务，解决复杂多变的社会问题。同时也给别人留有余地，无论在什么情况下，不要把别人推向绝路，这样一来，事情的结果对彼此都有好处。

依据对象定制"交往名片"

人的性格千差万别，不同的人有不同的性格。与人交往时，我们就要注意到这种差异，了解对方的喜好，摸清对方的脾气，对不同性格的人采取不同的应对方法。当你根据对方的性格打出自己为其独身定制的"交往名片"时，很容易引起对方的共鸣，便于你与其进行深度交往，进而"操纵"他人。

下面，我们具体来看该怎样与不同脾气的人交往：

1. 固执自负的人

这种人往往是我行我素，对人冷若冰霜，尽管你客客气气地与他寒暄、打招呼，他也总是爱理不理，不会做出你所期待的反应。其实，固执的人一般来说兴趣和爱好比较少，也不太爱和别人沟通，但是，他们还是有自己追求和关心的事，只是别人不太了解而已，所以，在与这类人打交道时，不仅不能冷淡，反而应该花些功夫仔细观察，注意他的一举一动，从他的言行中，寻找出他真正关心的事来，一旦你触及他所热心的话题，对方很可能马上会一扫往常那种固执的表情，而表现出相当大的热情。

2. 傲慢无礼的人

有些人往往自视甚高，目中无人，表现出"唯我独尊"的样子，与这种举止无礼、态度傲慢的人打交道，实在是一件令人难受的事情，可是，如果我们不得不与这种人接触，又该怎么对付呢？首先，尽可能地减少与其交往的时间，在能够充分表达自己的意见和态度，或某些要求的情况下，尽量减少他表现自己傲慢无礼的机会，他往往也会由于没这样的机会而不得不认真思考你所提出的问题。其次，语言简洁明了，尽可能用最少的话清楚地表达你的要求与问题，让对方感到你是一个很干脆的人，是一个很少有讨价还价余地的人，因而约束自己的架子。最后，你还可以邀请这种人去跳舞、聊家常、卡拉OK厅唱歌等，而当对方一旦在你面前表现出其生活的原色之后，在以后的交往中，他往往不会再对你傲慢无礼。

3. 沉默不语的人

和"闷葫芦"在一起，人们总会感到沉闷和压力，特别是对那些性格比较外向、活跃的人，更是觉得难受，在这种情况下，有些人为了活跃气氛，便故意找些话题来说，其实这是没有必要的，因为，对于沉默寡言的人来说，他们之所以这样可能是出于其有某种心事而不愿多言,这时,你应该尊重对方,不要去破坏对方的心境,让其保持一种内心选择的生存方式。相反,你如果故意地没话找话,并拼命地想方设法与对方交谈,只能引起对方的反感厌恶。

4. 自私自利的人

自私自利的人尽管心目中只有自己,特别注重个人的得失和利益,但是,他们也往往会因利而忘我地工作,我们对他们不必有太高的期望,也没必要希望他们能够像朋友那样以情为重,与这类人交往可以仅仅是一种交换关系,干多少活,给多少钱;干得好坏不同,钱也不一样。

5. 争胜逞强的人

这种人自我表现欲望非常强烈,总是力求证明自己比别人强,比别人正确,力求在各方面占上风,人们对这种人,虽然内心深处瞧不起,但是为了顾全大局,为了不伤交往中的和气,往往事事处处迁就他,让着他,殊不知,有些争胜逞强的人并不理解别人的谦让,还以为自己真是了不起,由此而变本加厉地瞧不起别人,不尊重别人。对这样的人,不能一味迁就,有必要在适当的时候,以适当的方式打击一下他的傲气,使他知道天外有天,山外有山。

6. 狂妄自大的人

他们实际上并没有多少学问，往往是自我吹嘘，夸夸其谈，他们所表现的高傲、不屑一顾等神态实际上是一种心灵空虚的补充剂，以维持其虚荣心。与这些人相处的方式实际上很简单，乍看起来他们似乎视野开阔，天南地北，无所不谈，好一副居高临下的样子，但只要就某一问题深入地与之探讨，他便会露出马脚，一旦露了马脚，他的威风也就自然扫地。另外，与这类人初次相处，可以用你的常识将之"震"住，如果做到了这一点，往后的交往便迎刃而解了。

7. 性情急躁的人

遇上性情急躁的人冒犯你，可要严肃对待，一定要保持头脑冷静，可以暂时置之不理，有时瞪他一眼就够了，有时一笑置之则可，这一笑，在大多数场合，可以使你摆脱尴尬的局面，避免与其发生争吵。

总而言之，"依据对方脾气，制定交往之度"，其出发点仍是为了避免产生"超限效应"，是为了让你在人际交往中表现更为得体，避免出现热情过度、画蛇添足的做法。当你能够真正做到这一点时，就可以迅速赢得别人的欢心和信任，从而对别人产生影响力，顺利达到掌控对方的目的。

做人恰如其分，做事恰到好处

人生的最难之处就在于审时度势地把握好做人的分寸。掌握了做人的分寸，做到恰如其分，就达到了人生的最高的境界；掌握了做事的分寸，做事做到恰到好处，就掌握了人生最精妙的艺术。把握好做人的分寸，就等于掌握了自己的命运。

有一个"阿里巴巴与四十大盗"的故事。

故事讲述的是有一个令人神往的藏宝之洞，洞门开启的密码是："芝麻，芝麻，开门吧！"取得密码无疑是打开藏宝之洞的钥匙，但是，怎么把握分寸，安全有效地撤出藏宝之洞，则更是一场极为严峻的考验，这里考的就是"分寸"二字。有的人一进洞，被那满眼的财宝，晃花了双眼，财迷了心窍，心中也乱了方寸，马上陷入了利令智昏的疯癫状态。于是，多多益善，没完没了，已经不可能停止对财宝的攫取动作了，开门的密码也早就丢到九霄云外了，想活着出这个洞是没戏了。相反，若以平常心进入洞中，眼不花、心不迷，清醒地把握分寸尺度，以拿得动、拿得走为原则，拿取了适量财宝，最后安全撤离，就可以潇洒度日去了。

这个故事所阐述的就是做人要把握分寸的人生哲理。

与人说话、与人交往、与人办事，都蕴含着分寸的玄机。

看一看古今中外的成功者，无一不是知轻重、识眉眼、懂分寸的睿智之士。世人通常提到的所谓"会做人""会办事""有人缘""识体面""知礼节"，几乎都是讲究分寸之道的大报偿。想想那些碌碌无为的庸常之人，想想自己曾经碰过的钉子、跌过的跟斗、吃过的苦头，哪一桩哪一件不是与有失分寸有关呢？

因为世上有"分寸"二字，有些人掌握了它的妙用，于是成功了；也因为世上有"分寸"作祟，有些人把握不住它，于是失败了。人世间各种各样的竞争，成功者与失败者的分水岭，其实就在"分寸"之间。

把做人的分寸处理得好，能使生活和谐圆满，处理得不好就会导致不良结果，轻则受到非议，重则自毁口碑或功败垂成。

通常所说的"掌握火候""划清界限""矫枉过正""过犹不及""欲速则不达"等讲的都是"分寸"的问题。如果不掌握做人的分寸，不在乎做人的分寸，企图跨越它所匡定的界限，除了事与愿违、多栽跟头、不断碰壁之外，不会有别的结果。

第 9 章

影响他人,而不被他人影响

太在乎别人，就自己受累

你是否因为别人不同意你的意见而感到消沉、忧虑？

你是否因为别人表露出一种不以为然的态度就改变自己的立场？

你是否处心积虑寻求别人的赞许，渴望得到别人的赏识，未能如愿时就会情绪低落？

你是否在饭馆吃饭时，饭菜的口味并不令你满意，而你却不敢提出意见，或者退回去，因为这样你怕服务员会不高兴？

生活中，有的人总是在意别人的评价，在意别人的看法，在意别人的观点，习惯寻求别人的认同。他们不仅活得很累，也丧失了做人的原则和立场。

曾有位年轻朋友这样诉说他的苦恼：

每当听到同事下班一块儿去吃饭、喝酒、唱歌时，他便陷入进退两难的境地中。按个人意愿，他一点也不想去，只希望回家好好休息，看书，听听音乐，静静地享受独处省思的乐趣。但是他知道若是把这些想法讲出来作为婉拒的理由，会被同事取笑而成为笑柄。于是他压下了自己的意愿，顺从同事的模式，在喧闹、放荡、嬉笑中，度过了一个又一个吃喝玩乐的夜晚。

他越来越不快乐，越来越痛恨自己，想改变这种令他厌恶的上班式无味之友谊，想大声向同事们说"不"，可又总提不起勇气。他甚至觉得自己就像头被人牵来牵去的猪。

还有一位书生气很浓的朋友下海经商。朋友们都说他不是一块经商的料：不抽烟、不喝酒、不会拉关系，不会与人讨价还价等，好像商人应具备的资质他全没有。但让大家跌破眼镜的是：他的公司在经过一段艰难的沉寂之后，竟然生意兴隆，财源广进。他说：我只做好了最基本的几点，以诚待人，守诺守信，保证质量，客户们刚开始还有些不习惯，现在都挺喜欢同我打交道的，省心省力还踏实。

是的，寻求别人的认同和支持固然很重要，但是没有自己的主张，就没有了自己。自己的事自己做主。因此，不管什么时候，都不要放弃自己，放弃了自己不仅会失去成就自己的机会，还使自己的生命随之失去意义。

成功需要肯定自己，坚持自己的立场。

跟随别人步伐起舞演不出好戏

生活中,有的人忘记发挥自己独特的个性,经常把自己委诸于常识的社会里。

在工作中有不少这样的人,如果有人很明确地指派他做这个做那个,他往往可以很有效率地做好。但是,如果让他自己放手去做,他却常常感到不知所措,结果不尽人意。这种人仿佛是天生做下属的。

这种跟着别人步伐起舞的习惯,多半是因为本身缺乏自信与创意所致。因此,他们认为唯有跟随别人步伐完成一件事情,才会觉得踏实、笃定。

正因为被指派的结果,可以减少事情处理时的不确定性,而相较之下,自由发挥的结果,往往意味着事情做得一团混乱。因此,选择以被指派的方式处理事情,一方面可以让事情看起来较容易处理一些;另一方面,就算失败了,或是有了一些闪失,也会觉得反正还有人会扛起一些责任,这也难怪老有些人总是喜欢被人差遣来差遣去的,这样的人是不能承担大任的。

有些人似乎一直都习惯在别人的监督下工作,从学习到工作，习惯了有人在一旁监督，习惯了有人给压力，一旦压力减少了，做事的能力也就随之减少；反之，则会随之增加。这种心态表明他们缺少自我管理、缺少自制的能力，不能掌握自己的命运，而这必然会成为成功的绊脚石。

有一位职工管不好自己的钥匙，不是弄丢了，就是忘了带，要不就是反锁在屋里。他的301办公室就他一个人，老是撬门也不是办法，于是他配钥匙时多配了一把，放在302办公室，无忧无虑了好些日子。

有一天，他又没带钥匙，恰好302室的人都出去办事了，他吃了闭门羹，于是他又在303放了钥匙。就这样，外边存放的钥匙越多，他自己的钥匙也就管得越松懈，为保险起见，他干脆在304、305、306……都存放了钥匙，以为多多益善。最后就变成这样的局面，有时候，他的办公室所有人都进得去，只有他进不去，所有人手中都有钥匙，只有他的钥匙无处可寻。到这时，他那扇门锁住的，就只有他自己了。

在现实生活中放弃自己的权利，让别人的意志决定自己生活的人实在不少。他们把自己上学、择业、婚姻……统统托付或交给他人，失去了自我信仰、自我追求，从而失去了真正自我，最后变成了一个毫无价值的人。

追随别人的足迹，跟着别人的步伐起舞，就永远不能走出自己的人生轨迹，不能拥有自己的人生舞台。做人应当有自己的主张，有自己的轨迹，如此才能掌控自己的命运，活出自己的风采。

做自己，别让世界改变你

年轻人或涉世未深的人，常常会害怕自己与众不同……无论是穿着、行动、言谈或思考模式，都尽量与自己所属圈子中的其他人保持一致。小孩喜欢与同年龄人做相同的事，他们很在乎朋友或玩伴对自己的看法。他们需要被自己的同伴接受——这是他存在的最重要证据。当我们身处不熟悉的环境，又没有过往的经验可以参考的时候，最好的方法便是顺应一般人的标准——直到我们自己的经验和信心足以给我们力量，然后才能照着自己的信念和标准去做。

但是，就算是基本原则也有受到考验的时候。尤其是一些不随波逐流的人会提出要进行改革——这便是文明进步的动力。

要想不随波逐流也并不容易，至少不是件愉快的事。有时，甚至还有危险性。大部分的人宁愿顺应环境，躲在人群当中接受保护，对各种统治者的领导毫不质疑或提出反对——他们不敢做与众不同的事。但是，他们并没有认识到，这种安全其实是虚伪的。大众心理其实最脆弱，最容易被牵着鼻子走。像追求安全感一样，人们顺应环境，往往最后变成了环境的奴隶。

其实，生活中很多人到了十六七岁的时候，也还不曾自己独立自主思考过。自那以后，虽然也变得稍微懂得一点思考，但是所想的却都是一些鸡毛蒜皮的事。只是在一个劲儿囫囵吞枣地吸收着所读的书的内容，对于朋友们所说的话，也不斟酌是否正确，就一味地接受。与其费尽周折地去追究有真实意义的东西，倒不如随大流来得省事，这就是很多人懒得思考的原因。这样，当发现自己拥有判断力时，已经被偏见误导了。虽然自己并未察觉，但是却养成了错误的思考习惯，它已取代了对于真理的追求。

"要是我早点开始用自己的判断就好了！"这是很多人到了一定年龄后的感叹。为了避免将来后悔，最好及早开始。当然，人的判断力不可能永远正确，偶尔也有失误的时候。不过，以失误最少者为指针，则是不变的方法。能够弥补这种失误的，就是看书和与人交往。可是，也不能过于相信这两者而囫囵吞枣。因为，这两者终究只是上天赋予人的判断力之补益。而良好的判断力主要来自人的独立、深入的思考能力。

当一个人立志自我思考，并开始尝试时，对事物的看法就会有惊人的改变。与过去用别人教的想法去看事情，以及把抽象的幻觉误当做真实的事物比起来，此时我们对任何事物的看法都显得井然有序。

普林斯顿大学前校长哈洛·达斯在1955年的学生毕业典礼上，以"成为独立个体的重要性"为题发表演说，指出："人们只有在找到自我的时候，才会明白自己为什么会到这个世界上来、要做些什么事、以后又要到什么地方去等这类问题。"盲从会磨灭自己的个性、扼杀自己的潜能。我们应该做的是：保持自己的真面目。

魅力，无声无息中影响他人

人格魅力是一个人心理素质和修养的外在表现，又能反映一个人的道德品质、思想感情、性格气质、学识教养、处世态度等。

一个人能否为别人所接纳，能否受人尊敬，是否具有人格魅力，关键是他在别人心目中的形象如何。个人形象的好坏，直接影响到与他人交往的程度。

为了广泛建立良好的人际关系，展示自己的人格魅力，人们

必须优化社会交往中的个人形象。你可以从以下几个方面优化个人形象,提升个人魅力:

1. 谈吐不凡,言语高雅

言谈举止能直接反映出一个人是博学多识还是孤陋寡闻,是接受过良好教育还是浅薄粗鲁。在社交中能侃侃而谈,用词高雅恰当,言之有物,对问题剖析深刻,反应敏捷,应答自如,能够简洁、准确、鲜明、生动地表达自己的思想与情感,能表现出不同凡响的气质和风度。作家于伶回忆与鲁迅先生谈话时说:"鲁迅先生谈吐深刻、严密、有力而又生动活泼,句句吸住我们。渐渐谈下去,愈来愈强烈地发射出真挚的热情,又有一种严峻而强大的威力,从他瘦削的脸上透出来。"高雅的言谈能使人听得入迷,产生"听君一席话,胜读十年书"之感。

2. 精神饱满,大方自然

在社会交往中始终保持旺盛的精力,饱满的热情,大方自然的神态,是优化个人形象的重要因素。与人交往,神采奕奕,精力充沛,显得富有自信力,便能激发对方的交往热情,活跃交往氛围。如果是萎靡不振,无精打采,则显得敷衍冷漠,使对方感到兴味索然乃至不快。一个精神饱满、大方自然的人往往会给人留下自信、乐观、进取和对生活充满热情的印象。神情倦怠、涣散或者表现出紧张拘谨、手足无措,都会给人留下缺乏社交经验、不成熟、不专注、看不起人的印象。所以，在社会交往中应始终以极大的热情关注对方，对他人所感兴趣的东西表示关注并随对方的言谈举止做出自然得体的反应。也就是说，想要别人喜欢自己，自己要先喜欢别人；要吸引对方的注意，先要注意对方。

3. 仪表整洁，衣着得体

一个人风度翩翩，俊逸潇洒，就能产生使人乐于交往的魅力。不修边幅、肮脏、邋遢的人不会吸引他人的注意。英国哲人约翰·洛克说："礼仪的目的与作用使得本来的顽梗变柔顺，使人们的脾气变温和，使他敬重别人，和别人合得来。"衣着服饰能反映一个人的审美情趣和修养。如果一个人的服饰能与自己的气质、职业一致，与自己的形体、年龄协调，与当时的气氛和场合相符，那么，这个人一定会显得更潇洒倜傥，更引人注目。

4. 举止稳重，文明雅观

举止朴素大方、温文尔雅、文明得体，坐、立、行的姿态正确雅观，能体现出一个人良好的教养，给人留下成熟可信赖的印象，粗俗不雅的举动则令人讨厌。分寸得当的交往距离使彼此心理上都感到舒适坦然，过度亲热和冷漠则容易引起对方误会。

一个人的行为举止能够做到自然、洒脱、无拘无束，除了与其社会交往经验的多少有关之外，另一方面是以其自信心为基础的。只有对自己充满信心，相信自己有能力的人，才能在社交中做到大方自然，挥洒自如。一个人的潇洒举止还来自于平时的修养，该行则行，该止则止，该坐则坐，该说则说，做事稳重而有分量，待人热情而又有分寸，礼貌而不拘小节。

优化个人形象，严格说来，是一种非规范、非格式的社交艺术。它需要我们每个人去认真揣摩和体会，不断地总结经验，逐步形成自己独特的风格和魅力。

形象，赢得持久的吸引力

所谓注意力，是指人们关注一个主题、一个事物、一种行为和多种信息的持久尺度。我们可以把人们关注信息和事物中的接收端提取出来加以量化，这种量化会形成一大笔无形资产，因而就具有价值。现在世界上信息量是无限的，而注意力是有限的，有限的注意力在无限的信息量中会产生巨大的价值。

而构成"注意力"的本质要素是什么呢？那就是"形象"。因为有"形象"才有"注意力"，有"形象"才有"注意力效应"，进而才可能因有"注意力"而产生经济效益。

已转战西班牙皇家马德里队的英国"足球金童"贝克汉姆，不只靠"脚"吸金，他的肖像权更是许多厂商的"兵家必争之地"。

有消息称，美国迪斯尼公司打算以1800万英镑（约2.2亿元人民币）的高价，买下他的肖像权，让贝克汉姆化身为卡通超人。

由此，我们有必要谈一谈"注意力"。诺贝尔经济奖获得者赫伯特·西蒙说："随着社会的发展，有价值的不再是信息，而是别人对你的注意力。"也就是说，进入网络时代后，信息既不稀缺，也并不难以获得，此时稀缺的是注意力。

高德·贝博说："获得注意力就是获得一种持久的财富。在新经济下，这种形式的财富使你在获取任何东西时都能处于优先的位置。财富能够延续，有时还能累加，这就是我们所谓的财产。因此，在新经济下，注意力本身就是财富。"

注意力形成经济，争夺眼球形成竞争，英特尔的前总裁葛鲁夫认为：整个世界将会展开争夺眼球的战役，谁能吸引更多的注意力，谁就能成为下世纪的主宰。

那么，如何支配一个人的注意力，如何防止注意力的涣散，如何吸引注意力，如何使注意力发挥最大效益呢？

不以"形象"为前提，"注意力"是无从谈起的。从这个意义上说，"注意力经济"应该作为"形象经济"的注解，一个人如果能获得大量的注意力资源，无疑会大大提高其交往中的人气指数，提高其影响力和竞争力。

也就是说，一个组织或一个人要获得大量的注意力，形象塑造无疑是最有效的途径。形象塑造的目标就是直击社会公众的"眼球",形成强烈而持久的"视觉"冲击力。加强形象塑造对一个组织和个人的生存、发展具有深远的战略意义。明白此点的人和企业将会成功,反之则会失败。

气量大迎来高朋满座

人与人之间交往,忌心胸狭小。一个心胸狭小的人,很难交到真正的朋友,在社会中处处吃不开,人际关系紧张,四处碰壁,举步维艰,会活得很累。

与人相交,应提倡"豁达大度"的胸怀。也就是说,我们在处理人际关系时,要气量宽宏,能够容人。气量和容人,就像容器装一样水,器量大就容的水多,器量小就容的水少。如果哪一天容器漏了,就算有水也容不下了。

小镇上有两个医生,真正同行是冤家,两人一见面就死掐。后来,他们结怨越来越深,凡是一人医治的病人,另一人绝不再医治。

有一回,镇上有位德高望重的老人病了,便派人请来其中一名医生。这个医生给他开了处方,便告辞走了。接着,老人又派人去请来另一名医生，他没有提及第一位医生。

这次，老人得到了完全不同的诊治。

两个医生在不同的日子轮流上门行医，按两种不同的病症医治，不断加大药量，护理也越来越严格，这样一直持续了好几个星期。有一天，老人睡着时，两个医生竟意外地在他的病榻前相遇了。真相暴露，立刻引起一场激烈的争吵。

"亲爱的朋友，"老人被他们的吵闹声惊醒，叹着气说，"请你们都理智一些。我都容忍你们俩几个星期了，你们就不能彼此容忍一会儿吗？其实，我的病已好了十几天了，我仍躺在床上，是希望经过卧床休息，能够恢复体力。至于你们的药，我至今还没有碰过呢。"

两个医生深感惭愧，从此前嫌尽释，成了好朋友。

宽宏的性格往往受人欢迎，气量大自然让你高朋满座。

因为气量大，就能和各种不同性格、不同脾气的人们处得来。能兼容并包，听得进批评自己的话，也经得起误会和委屈。所以，人们当然愿意和你往来。

古语云："大度集群朋。"一个人若能有宽宏的气量，那么他的身边便会集结起大群的知心朋友。气量大的人，对人、对友能"求同存异"，只以志同道合为交友基础。

气量大，主要表现为能容忍朋友的过失，尤其当朋友得罪自己时，能不计前嫌，一如既往。气量大，更应表现为能够虚心接受批评，一经发现自己的过失，便立即改正。和朋友发生矛盾时，能够主动检查自己。

气量大，还表现为不为小事耿耿于怀。人生在世，谁都会碰到这样或那样的使人不快的小摩擦、小冲突。别人一触犯了自己，就犯颜动怒，或者记下一笔"秋后算账"，这样只会把自己孤立起来。"私怨宜解不宜结"，在小事上宽大为怀，不会使你蒙受损失，只会使你受人敬佩。

热情，感染你周围的每一个人

卡耐基的办公室和家里都挂着一块牌匾，麦克阿瑟将军在南太平洋指挥盟军的时候，办公室里也挂着一块牌匾，他们两人的牌匾上写着同样的座右铭：

你有信仰就年轻，

疑惑就年老；

你自信就年轻，

畏惧就年老；

你有希望就年轻，

绝望就年老；

岁月使你皮肤起皱，

但是失去快乐和热情，

就损伤了灵魂。

这是对热情最好的赞词。

如果能培养并发挥热情的特性，那么，无论你是个挖土工还是大老板，你都会认为自己的工作是快乐的，并对它产生浓厚的兴趣。无论有多么困难，需要多少努力，你都会不急不躁地去进行，并做好想做的每一件事情。

热情对于有才能的人是重要的，而对于普通人，它的作用却不仅仅是重要。它可能是你生命运转中最伟大的力量，使你获得许多你想要的东西。

热情不是一个空洞的词，它是一种巨大的力量。热情和人的关系如同蒸汽机和火车头的关系，它是人生主要的推动力，也是一个普通人想要生活好、工作好的最关键的心态。

或许你总是在想自己是一个各方面能力都一般化的人，经常用"我是一个普通人"的借口来原谅自己。假如你有这样的想法，那么你就要小心了，这样的心态会使你在还没有努力之前就已经失败，它是阻碍你获得幸福的最大障碍，在你与成功和金钱之间隔了一道厚厚的墙。

只要你确立的目标是合理的，并且努力去做个热情积极的人，那么你做任何事都会有所收获。

热情的心态可以补充精力的不足，发展坚强的个性。有些人很幸运，天生就是个乐观向上的人，而有些人却需要后天培养来获得。

培养良好的心态并不难，首先要选择你最喜欢的工作和最向往的事业。如果由于种种原因，你不能从事你喜欢的工作，那就把你想做的工作当做未来的目标吧。

热情能培养信心。

爱德华·亚皮尔顿是一位物理学家，发明了雷达和无线电报，获得过诺贝尔奖。《时代》杂志曾经引用他的一句话："我认为，一个人想在科学研究上取得成就，热情的态度远比专门知识更重要。"

这句话若是出于普通人之口，可能不会被人重视，但出自于成功者之口，那就意义深远了。既然对从事严谨科学研究的成功者来说，热情都那么重要，那么对从事一般工作的普通人来讲，岂不更应该占有更重要的位置？

自制力，通向和谐的人际关系

某个政党有位刚刚崭露头角的候选人，被人引荐到一位资深的政界要人那里，希望这位政界要人能告诉他一些在政治上取得成功的经验，以及如何获得选票。

但这位政界要人提出一个条件，他说："你每次打断我说话，就得付5美元。"

候选人说："好的，没问题。现在，马上可以开始。"

"很好。第一条是，对你听到的对自己的诋毁或者污蔑，一定不要感到愤恨。随时都要注意这一点。"

"噢，我能做到。不管人们说我什么，我都不会生气。我对别人的话毫不在意。"

"很好，这就是我经验的第一条。但是，坦白地说，我是不愿意让你这样一个不道德的流氓当选的……"

"先生，你怎么能……"

"请付5美元。"

"哦，啊！这只是一个教训，对不对？"

"哦，是的，这是一个教训。但是，实际上也是我的看法……"

"你怎么能这么说……"

"请付5美元。"

"哦！啊！"他气急败坏地说，"又是一个教训。你的10美元赚得也太容易了。"

"没错，10美元。你是否先付清钱，然后我们再继续？因为，谁都知道，你有不讲信用的赖账的'美名'……"

"你这个可恶的家伙！"

"请付5美元。"

"啊！又一个教训。噢，我最好试着控制自己。"

"好，我收回前面的话，当然，我的意思并不是这样。我认为你是一个值得尊敬的人物，因为考虑到你低贱的家庭出身，又有那样一个声名狼藉的父亲……"

"你才是个声名狼藉的恶棍！"

"请付5美元。"

这是这个年轻人学会自我克制的第一课，他为此付出了高昂的学费。

然后，那个政界要人说："现在，就不是5美元的问题了。你要记住，你每一次发火或者你为自己所受的侮辱而生气时，至少会因此而失去一张选票。对你来说，选票可比银行的钞票值钱得多。"

要想使自己成为一个优秀的人，一个受人欢迎的人，就必须自我克制，克制自己的情绪，掌控好自己情绪。

良好的自控能力是个人重要的情绪品质，也是衡量个人的涵养气度的尺度，更是赢得和谐人际关系的关键所在。米开朗基罗曾经提醒过人们："被约束的力才是美的。"无法控制自己的人，将永远无法影响他人。

"智者以理智控制情绪，愚者以情绪控制理智"。学会以理智控制情绪，使自己在复杂的人际场合保持冷静，才能建立起和谐、稳固的人际关系，赢得更加美好、满意的人生。

结语

累得恰到好处，才是完美的人生

生活中，常常听到有人抱怨活得太辛苦，太累。他们一方面要面对工作和生活中的压力和困境，一方面又要面对人际关系中的纠结和烦恼，行色匆匆，疲于应付，"累"字成了人们心中的挥之不去的阴影。

人生从来不会一帆风顺，累，是生活的常态，是人生的内容。累，无可消减，无可回避。有时，让我们感到累的不是生活，而在于我们自己，在于我们没有掌握好做人做事的分寸，不能恰如其分、恰到好处地处理生活和人际关系，从而导致自己的人生失控，矛盾重重。

常言道，"过犹不及"，任何事逾越了限度，就会适得其反。追求财富如此，经营事业如此，为人处世更如此，都要讲究恰到好处。

世上当数做人累，人际当数相处难。每个人都有自己特定的性格，每个人都有自己的心理特质，每个人都有自己的待人方式。与人相处，是件比较难处理的事情，也是一件让人烦恼、心累的事情。西文哲学家罗素就曾拿两个豪猪的关系做比喻，指出人与人之间交往，太远会冷，太近又互相扎得慌。就算君子与君子之间，也会发生摩擦。君子之交淡如水，让人感觉太冷淡；小人之交甜如蜜，又让人感觉太腻歪。

人际虽然纷繁，但只要把握好分寸，凡事做得恰到好处，就能做到举重若轻。没有恰到好处的做事方式，就不会有恰到好处的人际关系。

人际交往也好，做事也罢，都要讲究恰到好处。率性而为不可取，急于求成事不成；过分之事，虽有利而不为；分内之事，虽无利而为之，进退有据，方圆通融，这就是恰到好处。有坚持，但又不过于固执；张扬个性，但又不太与众不同；自珍自爱，但又不过于清高；尊重他人，但又不过于亲近；有热情，但又不过于狂热；不苛责自己，不强求他人；不否定自己，不迎合他人……出世与入世，拿起与放下，舍与得，拒绝与答复，说服与劝导，看清形势，见机行事，说话做事，皆有分寸，一言一行，恰到好处。掌握了这个度，你就能在人际关系中"从心所欲，不逾矩"，才能转难为易，成功自然也就水到渠成。

世事洞明皆学问，人情练达即文章。掌握了做人的分寸，做到恰如其分，就达到了人生的最高的境界；掌握了做事的尺度，做事做到恰到好处，就掌握了人生最精妙的艺术。把握好做人的分寸、做事的尺度，就等于掌握了自己的命运。

刘墉先生对人生的解释是："面对人生的起起落落，人生的恩恩怨怨，却能冷冷静静——化解，有一天终于顿悟，这就是人生。"世事艰难，但我们可以静心以对。人际纷繁，但我们可以化繁为简。

人生来就要面对生活中数不清的困难和问题，做人累，是人生的真相。我们想要提高自己的生活品质，就要为之付出努力。而生活中的许多事并不会按我们的愿望行事，我们唯有抛弃患得患失的心境，接受人生中的一切，认清自己在这个世界上的位置，求己之愿求，追己之愿追，尽量把事情做得恰到好处，才能在不完美的人际关系中活出完美的自己，才能活出云淡风轻的人生。世事纷繁做人累，掌控分寸自从容。累得恰到好处，才是完美的人生！